◎爱问法律百科系列丛书◎

丛书主编 · 严威

关注热点

简明易懂

法律思维

爱问
法律百科

道路交通必知130问

章倩玲◎著

中国法制出版社
CHINA LEGAL PUBLISHING HOUSE

目录
CONTENTS

第一章　道路交通基础法律知识

1. 什么是道路交通事故中的“道路”？ …… 3
2. 哪些车辆属于“机动车”？ …… 4
3. 道路交通事故包括哪些类型？ …… 6
4. 如何确定道路交通事故的主管部门？ …… 7
5. 道路交通事故在哪些情形下必须报警处理？ …… 9
6. 道路交通事故当事人签订的“私了”协议能否变更或撤销？ …… 10
7. 自行协商达成协议后对方拒绝履行协议，受害人还可以提起诉讼吗？ …… 12
8. 道路交通事故责任认定的依据有哪些？ …… 13
9. 道路交通事故认定书包括哪些内容？ …… 15
10. 道路交通事故当事人可以选择哪些方式解决道路交通事故损害赔偿纠纷？ …… 17
11. 道路交通事故损害赔偿纠纷的调解过程是怎样的？ …… 19
12. 机动车上路行驶需要符合哪些基本条件？ …… 20

13. 机动车载人应当遵守哪些规定? …… 22
14. 非机动车在道路上通行应当遵守哪些规定? …… 23
15. 行人在道路上通行应当遵守哪些规定? …… 25
16. 乘坐机动车应当遵守哪些规定? …… 26
17. 驾驶人的哪些行为会被认定为“无证驾驶”? …… 27
18. 对交通事故承担同等责任的双方如何确定损害赔偿比例? …… 28
19. 非机动车与行人之间的交通事故，如何确定损害赔偿比例? …… 30
20. 什么是道路交通事故中的“人身伤亡”，人身伤亡可以得到哪些赔偿? …… 31
21. 什么是道路交通事故中的“财产损失”，哪些财产损失可以得到赔偿? …… 32
22. 什么是《交通事故认定书》? …… 34
23. 拖拉机和联合收割机需要进行车辆登记吗？需要提交哪些登记材料? …… 35
24. 申请机动车驾驶证需要符合哪些条件? …… 37
25. 哪些人不得申请机动车驾驶证? …… 40
26. 驾驶校车需要符合哪些条件? …… 41
27. 公安机关交通管理部门接到交通事故当事人报警后应当如何处理? …… 42
28. 交通事故构成工伤的条件有哪些? …… 43
29. 机动车转让、抵押或者报废的，是否需要进行登记? …… 45
30. 什么是“酒驾”“醉驾”? …… 46
31. “酒驾”和“醉驾”分别会受到哪些处罚? …… 47

32. 道路交通安全违法行为的记分是如何规定的？ …………………… 48
33. 驾驶人的实习期是多久？实习期内有何特殊规定？ ……………… 50
34. 哪些情形下，机动车需要申领“临时牌照”？ …………………… 51

第二章　道路交通纠纷的责任承担

35. 机动车驾驶人与登记的车主不一致时，发生交通事故后责任由谁承担？ …………………………………………………………… 55
36. 行人违章的情况下发生交通事故，机动车是否承担赔偿责任？…… 56
37. 借用他人名义办理机动车登记，发生交通事故由谁承担责任？…… 58
38. “套牌车”发生道路交通事故，赔偿责任由谁承担？ …………… 60
39. 挂靠车辆发生交通事故，被挂靠人是否承担连带责任？ ………… 61
40. 分期付款方式购置的机动车发生交通事故，赔偿责任由谁承担？… 63
41. 盗抢机动车肇事，车主有无责任？ ……………………………… 65
42. 偷开他人机动车造成交通事故后，赔偿责任由谁承担？ ………… 67
43. 机动车交易后但未办理过户登记时造成交通事故，赔偿责任由谁承担？ …………………………………………………………… 68
44. 无偿搭乘公共交通的乘客发生交通事故伤亡，谁负赔偿责任？…… 70
45. “搭便车”发生交通事故，遭受的损害由谁承担？ ……………… 72
46. 帮工人在帮工中发生车祸，赔偿责任由谁承担？ ……………… 73
47. 无偿代驾发生道路交通事故，赔偿责任由谁承担？ …………… 75
48. 有偿代驾发生道路交通事故，赔偿责任由谁承担？ …………… 77

49. 代驾公司员工提供代驾服务时发生道路交通事故，赔偿责任由谁承担？ …… 78
50. 学员在驾校出事故，赔偿由谁负责？ …… 80
51. 因开关车门造成交通事故，赔偿责任由谁承担？ …… 82
52. 在道路之外的地方发生交通事故，怎样确定赔偿责任？ …… 83
53. 雇员在工作中因交通事故导致伤亡，雇主是否承担赔偿责任？ …… 85
54. 雇员在工作中肇事造成人员伤亡，雇主是否对外承担赔偿责任？ …… 87
55. 雇员“公车私用”肇事引发交通事故，赔偿责任由谁承担？ …… 88
56. 非法改装、报废车辆私下转让后，发生交通事故时由谁承担赔偿责任？ …… 90
57. 有偿搭乘的乘客伤亡，谁负赔偿责任？ …… 91
58. 特种机动车发生交通事故，如何确定事故责任？ …… 93
59. 机动车送修期间发生交通事故，责任由谁承担？ …… 94
60. 事故受害人的遗腹子，是否有权主张被扶养人生活费？ …… 96
61. 事故受害者身份不明，由谁行使索赔权利？ …… 97
62. 事故侵权人死亡的情况下，由谁承担对受害人的赔偿义务？ …… 99
63. 机动车试乘人在试乘过程中因交通事故造成损害的，赔偿责任由谁承担？ …… 101
64. 因道路管理维护缺陷导致机动车发生交通事故造成损害的，赔偿责任由谁承担？ …… 103
65. 行人或非机动车擅自进入高速公路发生道路交通事故，赔偿责任由谁承担？ …… 105

66. 道路障碍物导致交通事故造成损害的，由谁承担赔偿责任？ …… 108
67. 道路设计或施工缺陷导致交通事故造成损害的，由谁承担赔偿责任？ …… 110
68. 机动车产品缺陷导致交通事故造成损害的，由谁承担赔偿责任？ … 113
69. 非营运机动车私自营运发生交通事故由谁承担责任？ …… 115

第三章 道路交通纠纷赔偿与标准

70. 什么是交通事故伤残鉴定？ …… 121
71. 什么情况下可以申请交通事故伤残鉴定？ …… 122
72. 交通事故伤残鉴定的流程是怎样的？ …… 123
73. 交通事故伤残鉴定如何评级？ …… 125
74. 如何对交通事故伤残鉴定的结果提出异议？ …… 126
75. 交通事故伤残鉴定的费用由谁承担？ …… 127
76. 因交通事故遭受人身损害，可以得到哪些赔偿？ …… 128
77. 怎样计算医疗费？ …… 129
78. 怎样计算误工费？ …… 131
79. 怎样计算护理费？ …… 132
80. 怎样计算交通费？ …… 134
81. 怎样计算住宿费？ …… 135
82. 怎样计算住院伙食补助费？ …… 136
83. 怎样计算营养费？ …… 137

84. 怎样计算残疾赔偿金? …… 138
85. 怎样计算残疾辅助器具费? …… 141
86. 什么是道路交通事故损害赔偿中所称的被扶养人生活费? …… 142
87. 怎样计算被扶养人生活费? …… 143
88. 怎样计算死亡赔偿金? …… 146
89. 怎样计算丧葬费? …… 148
90. 长期生活在城市的农村户口居民因交通事故伤残，残疾赔偿金以何标准确定? …… 149
91. 什么情况下可以请求肇事者赔偿精神损害抚慰金? …… 150
92. 影响道路交通事故精神损害抚慰金赔偿数额的因素有哪些? …… 152
93. 构成工伤的交通事故，受害人可以获得哪些赔偿? …… 153

第四章　道路交通纠纷中的保险

94. 什么是机动车交通事故责任强制保险? …… 157
95. 哪些车辆应当投保交强险? …… 158
96. 哪些机构可以监管交强险业务? …… 160
97. 交强险的保费标准是如何确定的? …… 161
98. 机动车购买交强险应当注意哪些问题? …… 162
99. 保险公司解除交强险保险合同需要符合哪些条件? …… 164
100. 投保人解除交强险保险合同需要符合哪些条件? …… 165
101. 交强险的保险期间是多久? …… 167

102. 哪些人在事故中发生人身、财产损害的，可以获得交强险的赔偿？ …… 168
103. 哪些情况下，交强险理赔后保险公司可以向致害人追偿？ …… 170
104. 什么是道路交通事故社会救助基金？救助基金的资金来源是什么？ … 172
105. 道路交通事故社会救助基金的垫付情形有哪些？救助基金垫付的程序是怎样的？ …… 173
106. 被保险人向保险公司申请交强险的赔付流程是怎样的？ …… 175
107. 机动车未按规定投保交强险将面临怎样的处罚？ …… 177
108. 交强险对受害人的赔偿包括哪些项目？它们的责任限额分别是多少？ …… 178
109. 交强险有哪些免赔情形？ …… 180
110. 被保险人申请交强险理赔一般需要提供哪些证明和资料？ …… 182
111. 饮酒后驾驶机动车发生交通事故对交强险的保费及理赔会产生哪些影响？ …… 183
112. 驾驶人“无证驾驶”发生机动车交通事故，交强险还会赔偿吗？ … 184
113. 机动车未按规定投保交强险，发生机动车交通事故时如何赔偿？ … 186
114. 机动车肇事后逃逸的，能否获得交强险的赔付？ …… 188
115. 同一起道路交通事故中有多名受害人的，交强险应当如何赔偿？ … 190
116. 机动车未投保交强险，肇事后如何对受害人进行赔偿？ …… 192
117. 多辆机动车发生交通事故造成第三人损害的，交强险应如何进行赔偿？ …… 194
118. 分别投保交强险的牵引车和挂车连接使用时发生交通事故，交强

险如何赔偿？ …………………………………………… 195
119. 机动车的投保人被自己所有或管理的机动车撞伤或撞死的，交强险是否对投保人进行赔偿？ ………………………………… 197
120. 保险公司拒绝承保的机动车肇事导致第三人损害的，投保义务人是否可以要求保险公司赔偿？ ……………………………… 199
121. 机动车所有权变动但交强险合同未办理变更的，发生交通事故后保险公司是否赔偿？ ………………………………………… 201
122. 机动车所有人擅自改装车辆发生交通事故的，交强险是否承担保险责任？ ………………………………………………… 203
123. 什么是汽车商业保险？汽车商业保险都包含哪些保险种类？ … 205
124. 什么是第三者商业责任险？ ………………………………… 206
125. 第三者商业责任险与交强险的区别是什么？ ………………… 207
126. 机动车在既投保了交强险又投保了第三者商业责任险的情况下发生道路交通事故，各保险的赔偿顺序是怎样的？ …………… 209
127. 什么是车损险？车损险的赔偿范围有哪些？ ………………… 211
128. 什么是车上人员责任险？ …………………………………… 213
129. 投保人在为机动车购买保险时，应当注意哪些问题？ ……… 214
130. 交强险人身伤亡保险金的请求权是否可以转让？ …………… 217

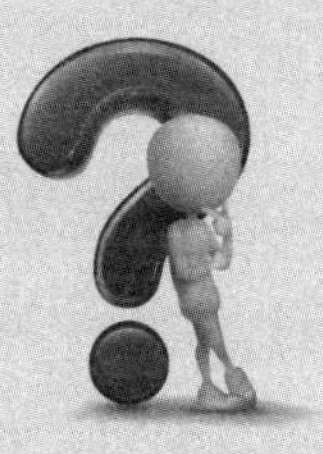

第一章

CHAPTER 1

道路交通基础法律知识

1. 什么是道路交通事故中的“道路”？

《道路交通安全法》第119条第1项明确界定了道路的含义：“道路”，是指公路、城市道路和虽在单位管辖范围但允许社会机动车通行的地方，包括广场、公共停车场等用于公众通行的场所。

法律意义上所称的“道路”，必须是允许社会车辆自由通行的、具有开放性和公共性的场所。具体来说，主要包括以下几种道路。

1. 公路是指全国公路路网中的高速公路、国道、省道、县道和乡道等，包括公路桥梁、公路隧道、公路道口和渡口等。

2. 城市道路是指城市中供车辆和行人通行的，与市内外道路连接的，具备一定技术条件的道路、桥梁及其附属设施；具体包括机动车道、公共汽车优先车道、非机动车道、人行道以及随着城市发展而出现的各种高架道路及地下道路。

3. 虽在单位管辖范围但允许社会机动车通行的地方是指虽在工厂、小区等单位管辖范围内但不必经过该单位的允许，社会机动车辆就能自由出入的地方。例如港区内的道路、部分机场道路、开放式小区内的道路等社会机动车可以不经允许自由行驶的道路都属于法律意义上的“道路”。

4. 广场是指城市规划在道路用地范围内，专供公众集会、休憩、步行和交通集散的场地。

5. 公共停车场是指供各种机动车和非机动车停放的露天或室内场所。

其他社会车辆不得自由通行的单位内部小道，封闭式住宅区内部道路，火车站、机场、港口、货场内的专用路面，未竣工或已竣工未移交公安交通管理部门管辖的道路等，都不属于法律概念内的“道路”，发生在这些地方的交通事故不属于道路交通事故，应当按照路外交通事故进行处理。

2. 哪些车辆属于“机动车”？

《道路交通安全法》第 119 条第 3 项明确界定了机动车的含义：“机动车”，是指以动力装置驱动或者牵引，上道路行驶的供人员乘用或者用于运送物品以及进行工程专项作业的轮式车辆。

根据国家有关机动车辆安全检验标准的规定，机动车类型可分为如下几种。

1. 各类汽车。汽车包括大型汽车和小型汽车，例如生活中的公交车、大巴车等属于大型汽车，而单位或家庭购置的商务车、私家车等属于小型汽车，运送货物的货车根据重量和长度的不同分为大型货车和小型货车，但是都属于汽车的范畴。

2. 专用车。专用车是指安装有专门设备并且有专项用途的汽车，包括扫地汽车、仪器车、邮政汽车、汽车吊车等。

3. 特种车。特种车与专用车的主要区别是特种车大多为紧急用车辆，主要包括消防汽车、救护汽车、工程抢险车、警备车、交通事故勘查车等。

4. 电车。电车又细分为有轨电车和无轨电车。电车均以电动机驱动，设有集电杆，有轨电车铺设有轨道，在轨道上行驶，常见于市郊的有轨电车公交；而无轨电车则不需要在轨道上行驶，常见于市内的电车公交。

5. 摩托车。包括三轮摩托车、二轮摩托车、轻便摩托车在内的各类摩托车都属于机动车。

6. 农用运输车。包括四轮农用运输车和三轮农用运输车在内的农用运输车都属于机动车。

7. 拖拉机。各类农用拖拉机包括大型方向盘式拖拉机、小型方向盘式拖拉机以及手扶拖拉机等均属于法律意义上的机动车。

8. 挂车及轮式自行专用机械。本身无动力需依靠其他车辆牵引的全挂车和半挂车，以及自行设计制造的轮式专用机械等均属于机动车的范畴。

9. 部分电动车。需要特别注意的是，一般而言，符合国家标准且在非机动车道上行驶的电动二轮自行车属于非机动车；但是电动三轮车、电动四轮车等质量较重、车速较快的电动车辆应当属于法律意义上的机动车。

机动车与非机动车在道路交通事故中的责任承担是有区别的，例如机动车与非机动车发生的交通事故中，机动车属于相对强者，可能分担更大比例的事故责任，对事故车辆的定性直接影响事故责任的判定，因此明确“机动车”的范围具有重要的法律意义。

3. 道路交通事故包括哪些类型？

道路交通事故是指车辆在道路上因过错或者意外造成的人身伤亡或者财产损失的事件。需要明确的是，道路交通事故不仅可以由特定的人员违反交通管理相关法律法规造成，也可以是由意外如地震、台风、山洪、雷击等不可抗力或自然灾害所造成的。

根据公安部发布的《道路交通事故处理程序规定》第3条之规定，道路交通事故分为财产损失事故、伤人事故和死亡事故。其中，财产损失事故是指造成财产损失，尚未造成人员伤亡的道路交通事故。伤人事故是指造成人员受伤，尚未造成人员死亡的道路交通事故。死亡事故是指造成人员死亡的道路交通事故。这一规定是从事故不同类型的后果出发进行分类的。

此外，从事故的责任主体来划分道路交通事故的类型也是比较常见的。根据承担道路交通事故主要责任的主体不同，道路交通事故又可以分为机动车事故、非机动车事故、行人事故及乘车人事故。其中，机动车事故是指汽车、摩托车和拖拉机等机动车负主要责任的事故。非机动车事故是指自行车、人力车、三轮车等按非机动车管理的车辆负主要责任的事故。行人事故是指行人负主要责任的事故。乘车人事故是指乘车人负主要责任的事故。

有两种情况的事故分类需特别注意：第一，在机动车与非机动车或行人发生的交通事故中，如果机动车与非机动车或行人负同等比例的责任，由于机动车相对属于交通强者，而非机动车或行人则属于交通弱者，所以在此种情况下也应将事故视为机动车事故。第二，在非机动车与行人发生的事故中，如果非机动车与行人负同等比例的责任，由于非机动车相对属于交通强者，而行人则属于交通弱者，因此应当被认定为非机动车事故。

4. 如何确定道路交通事故的主管部门？

因道路交通事故的复杂性和多样性，确定道路交通事故的主管部门并不简单。首先需要明确的是，根据《道路交通安全法》第5条之规定，国务院公安部门负责全国道路交通安全管理工作，县级以上地方各级人民政府公安机关交通管理部门负责本行政区域内的道路交通安全管理工作。由此可见，在我国只有公安机关交通管理部门才是道路交通事故的主管部门，其他单位和个人均无权管辖和处理道路交通事故。

从地域性的角度来看，道路交通事故的管辖权限主要围绕“事故发生地”来确定。道路交通事故全程只发生在一个辖区范围内的，该交通事故原则上由事故发生地的公安机关交通管理部门管辖。若某一道路交通事故发生在两个以上管辖区域的，则由事故起始点所在地的公安机关交通管理部门来管辖。

从行政级别的角度来看，公安部发布的《道路交通事故处理程序规定》第9条“道路交通事故由事故发生地的县级公安机关交通管理部门管辖，未设立县级公安机关交通管理部门的，由设区的市公安机关交通管理部门管辖”基本确定了由县级以上公安机关交通管理部门负责管辖和处理道路交通事故的原则。

此外，针对某些存在管辖权异议的道路交通事故，可由发生争议的公安机关交通管理部门的共同上一级主管部门来指定管辖，例如同为A市下辖县域的B县及C县的公安机关交通管理部门对某道路交通事故同时主张管辖权时，可由A市的交通管理部门指定。但在共同上一级主管部门指定管辖前，最先发现或者最先接到报警的公安机关交通管理部门应当对该道路交通事故先行处理。

上级公安机关交通管理部门不仅可以指定管辖，在必要的时候，还可以亲自处理下级公安机关交通管理部门管辖的道路交通事故，或者指定下级公安机关交通管理部门限时将案件移送其他下级公安机关交通管理部门处理。

5. 道路交通事故在哪些情形下必须报警处理？

驾驶机动车上路难免发生交通事故，在事故损失轻微的情况下，事故当事人往往会选择“私了”的方式来自行协商和处理交通事故。《道路交通事故处理程序规定》中也明确规定了机动车与机动车、机动车与非机动车、非机动车与非机动车或者行人发生的财产损失事故可以采取自行协商的方式解决。

但遇到特定情况下的道路交通事故，事故当事人必须通过报警的方式处理。根据《道路交通事故处理程序规定》第 13 条第 1 款的规定，发生死亡及伤人情形的道路交通事故时，当事人应当保护事故现场并立即报警处理。

此外，特殊情形下的财产损失事故是不能通过“私了”解决的，发生以下财产损失事故，当事人应当保护现场并立即报警：

1. 驾驶人无有效机动车驾驶证或者驾驶的机动车与驾驶证载明的准驾车型不符的；

2. 驾驶人有饮酒、服用国家管制的精神药品或者麻醉药品嫌疑的；

3. 驾驶人有从事校车业务或者旅客运输，严重超过额定乘员载客，或者严重超过规定时速行驶嫌疑的；

4. 机动车无号牌或者使用伪造、变造的号牌的；

5. 当事人不能自行移动车辆的；

6. 事故的一方当事人离开现场的；

7. 有证据证明事故是由一方故意造成的；

8. 在道路上发生交通事故，未造成人身伤亡，但当事人对事故的事实及成因存在争议的；

9. 机动车无检验合格标志或者无保险标志的；

10. 碰撞建筑物、公共设施或者其他设施的；

11. 道路交通事故符合自行协商条件，但当事人确实无法自行移动车辆的。

6. 道路交通事故当事人签订的“私了”协议能否变更或撤销？

情景再现

小严驾驶小汽车在十字路口与小王的电动自行车发生剐蹭，双方都对这起交通事故的发生负有一定的责任。由于事故现场造成的损失不大，为尽快解决纠纷，小严和小王通过自行协商达成了一份“私了”协议书，协议书中简单记录了事故发生的地点、时间、天气、双方的损失等内容，并约定由小王赔偿小严 1500 元用于小汽车的维修。双方“私了”后，小严将小汽车送去 4S 店维修，结果被告知由于小严的机动车为进口车，维修费用需要 3000 元，小严遂找到小王要求变更“私了”协议的约定，提高赔偿金额。

法律分析

除法律法规及相关规定中明确了必须要通过报警形式处理的道路交通事故外，事故当事人可以通过自行协商的方式解决纠纷。自行协商也就是我们常说的“私了”是符合我国民法“意思自治”原则的。根据《民法典》第 143 条的规定，若当事人具备相应的民事行为能力，作出了符合个人意志的真实意思表示，并且双方达成的协商内容没有违反法律的强制性规定或有损社会公共利益，则事故当事人的“私了”行为就是有效的民事法律行为，所签订的“私了”协议在法律上也是有效的协议。基于诚实信用的原则，道路交通事故的当事人一旦通过自行协商的方式达成了有效的“私了”协议，就应该遵守协议的约定履行相应的义务，不得随意反悔。

但是，特定情况下，事故当事人的“私了”协议也是可以变更或撤销的。《民法典》第 147 条、第 151 条规定，如果当事人对行为内容存在重大误解或者行为内容显失公平的，一方当事人有权请求人民法院或仲裁机关予以变更或撤销。

上述案例中，小严与小王对事故的发生都负有一定的责任，且已经通过自行协商的方式约定了1500元的赔偿金额，虽然小严的实际损失为3000元，但双方的“私了”协议内容并不存在重大误解，且协议约定的1500元赔偿金额与3000元的实际损失之间的差距也没有达到显失公平的程度，因此小严要求变更协议内容、提高赔偿金额的要求并没有相应的法律依据。

7. 自行协商达成协议后对方拒绝履行协议，受害人还可以提起诉讼吗？

自行协商作为解决道路交通事故纠纷高效便捷的方式，在事故发生后被广泛采用。但是，在事故发生的当下，当事人可能出于“省事”的目的草草达成“私了”协议，事后又因种种原因反悔，拒不履行协议内容。这种情况下，很多当事人会因为“私了”协议中包含的“受害人签订协议后不得再另行起诉当事人”等类似条款，而在对方拒不履行协议义务时放弃向法院起诉的权利，导致个人的合法权益没有得到维护和保障。

事实上，上述条款并不会阻碍受害者在对方拒不履行赔偿义务的时候向法院提起诉讼。《道路交通事故处理程序规定》第22条第 2 款规定:“当事人自行协商达成协议后未履行的，可以申请人民调解委员会调解或者向人民法院提起民事诉讼。”当“私了”协议签订后，一方拒不履行协议内容的，其他当事人可以向法院起诉，主张拒不履行的一方按照协议的约定充分履行相应的义务，或直接向法院主张事故责任方承担其在交通事故中应当承担的事故责任。

由于“私了”协议是事故当事人在平等自愿的基础上经过充分协商后订立的，只要不存在法定无效的情形，即是一份有效的合同，因此事故当事人在签订“私了”协议后，都应遵守合同义务，拒不履行是违反合同义务的行为，合同的权利一方当事人可以向法院起诉对方，要求其按照“私了”协议的约定充分履行合同义务。

事故当事人签订“私了”协议时，受害方也许并未出现更大的人身损害或财产损害，但协议签订后又发现新的人身损害或重大财产损失需要由对方承担时，对方拒绝赔偿的，哪怕“私了”协议中约定“以后出现其他情况，概不负责”等类似约定，受害一方仍可以向法院提起诉讼，要求对方承担交通事故中应承担的责任，并对应承担责任部分的损失进行赔偿。

8. 道路交通事故责任认定的依据有哪些?

道路交通事故责任认定是指公安机关交通管理部门查明事

故原因后，根据当事人的违法行为与交通事故后果之间的因果关系及当事人的违法行为对事故后果的作用来认定当事人是否承担事故责任、承担多少责任的行为。由此可见，公安机关交通管理部门对事故当事人之间的责任认定主要是依据当事人的行为对发生道路交通事故所起的作用以及过错的严重程度来确定当事人的责任的。

从《道路交通事故处理程序规定》第60条、第61条的内容来看：

1. 完全因事故一方当事人的过错导致道路交通事故发生的，该方当事人承担事故的全部责任。

2. 因两方或者两方以上当事人的过错导致道路交通事故发生的，分别判定其行为对事故发生的作用以及过错的严重程度，与事故发生存在因果关系的当事人根据过错程度再分别承担主要责任、同等责任和次要责任。

3. 如果事故的各方当事人与道路交通事故的后果均无直接或间接的因果关系且均不存在导致道路交通事故的过错，那么此类事故属于交通意外事故，各方当事人均无责任。

4. 若道路交通事故的发生是由一方当事人故意造成的，事故其他方当事人不论有无过错，均不承担事故责任。

上述责任认定的依据是公安机关交通管理部门对认定道路交通事故各方当事人责任的基本准则。此外，当事人如有发生道路交通事故后逃逸或故意破坏、伪造现场、毁灭证据的情形之一的，就要承担全部事故责任。《道路交通事故处理程序规定》同时也明确了为逃避法律责任追究，当事人弃车逃逸以及潜逃藏匿后，如有证据证明其他当事人也对事故发生存在过错，逃逸潜逃的当事人可以适当减轻责任，但同时有证据证明逃逸当事人有故意破坏、伪造现场、毁灭证据的情形时，不予减轻逃逸当事人的责任。

9. 道路交通事故认定书包括哪些内容？

道路交通事故认定书是指公安机关交通管理部门通过对交通事故现场勘察、技术分析和有关检验、鉴定结论，分析查明交通事故的基本事实、成因和当事人责任后所作的技术性结论。根据《道路交通安全法》第73条的规定，公安机关交通管理部门应当根据交通事故现场勘验、检查、调查情况和有关的检验、鉴定结论，及时制作交通事故认定书，作为处理交通事故的证据。

从性质上来看，道路交通事故认定书是一种技术文书，它的目的是厘清事故当事人之间的责任分配，从而依照道路交通法律法规及相关规定对负有事故责任的当事人作出正确恰当的处罚，它也是公安机关交通管理部门对道路交通事故损害赔偿进行调解的依据。同时，道路交通事故认定书还是人民检察院判断是否对交通事故肇事者提起公诉的重要判断依据，也是人民法院在审理道路交通事故损害赔偿纠纷及交通肇事等刑事犯罪中定罪量刑和确定损害赔偿的重要证据。

道路交通事故认定书应当由交通警察签名或者盖章，加盖公安机关交通管理部门道路交通事故处理专用章，并载明以下内容：

1. 道路交通事故当事人、车辆、道路和交通环境等基本情况；

2. 道路交通事故发生经过；

3. 道路交通事故证据及事故形成原因分析；

4. 当事人导致道路交通事故的过错及责任或者意外原因；

5. 作出道路交通事故认定的公安机关交通管理部门名称和日期。

道路交通事故认定书按规定一般在制作完成后 3 日被送达交通事故的各方当事人，但根据事故的实际情况，也存在一些特殊情形。例如，当交通肇事逃逸案件尚未侦破但事故受害一方当事人要求出具道路交通事故认定书的，公安机关交通管理部门应当在接到当事人书面申请后的 10 日内，根据事故实际情况判断受害方是否存在过错以确定肇事逃逸方的责任并制作道路交通事故认定书送达受害方当事人。若受害方也对事故发生存在过错且肇事逃逸方不存在故意破坏、伪造现场、毁灭证据的，可以适当减轻逃逸方的责任；若受害方对事故发生不存在过错或肇事逃逸方存在故意破坏、伪造现场、毁灭证据的，不予减轻逃逸方的责任。

10. 道路交通事故当事人可以选择哪些方式解决道路交通事故损害赔偿纠纷？

道路交通事故发生后，如事故当事人之间无法通过自行协商的方式对事故造成的损害达成一致的赔偿意见，则会形成道路交通事故损害赔偿纠纷，这些纠纷的解决就需要依靠事故当事人之外的中立第三方介入。在不满足自行协商条件或通过自行协商不能达成一致的情况下，事故当事人可以采取以下方式解决道路交通事故损害赔偿争议。

1. 申请人民调解委员会调解

无法协商一致的事故当事人可以申请人民调解委员会调解，在人民调解委员会的主持下达成调解协议后，事故当事人认为有必要的，可以根据《人民调解法》共同向人民法院申请司法确认，以确认调解协议的内容和效力。如果当事人申请人民调解委员会调解但未达成调解协议的，事故当事人可以直接向人民法院提起民事诉讼，或者自人民调解委员会作出终止调解之日起 3 日内，事故当事人一致递交书面申请，向公安机关交通管理部门申请进行调解。

2. 申请公安机关交通管理部门调解

《道路交通安全法》第74条规定，针对交通事故损害赔偿的争议，事故当事人可以请求公安机关交通管理部门调解，也可以直接向人民法院提起民事诉讼。由此可见，申请公安机关交通管理部门进行调解也是处理道路交通事故损害赔偿的主要途径之一。

关于公安机关交通管理部门主持调解交通事故纠纷的流程，《道路交通事故处理程序规定》作了较为详细的规定。若事故当事人选择申请公安机关交通管理部门调解的，应当在收到道路交通事故认定书、道路交通事故证明或上一级公安机关交通管理部门维持原道路交通事故认定的复核结论之日起10天内，当事人一致向公安机关交通管理部门递交书面申请。

如果事故当事人一致申请公安机关交通管理部门对事故的损害赔偿纠纷进行调解但未达成调解协议的，事故当事人还可以依法向人民法院提起民事诉讼，或者申请人民调解委员会进行调解。

3. 向人民法院提起民事诉讼

事故当事人可以在申请人民调解委员会或公安机关交通管理部门主持调解但未达成调解协议，或者调解书生效后一方或多方当事人不履行调解协议的情况下向人民法院提起民事诉讼。同时，事故任一方当事人都可以在发生道路交通事故损害赔偿纠纷后直接向人民法院提起民事诉讼。

11. 道路交通事故损害赔偿纠纷的调解过程是怎样的？

交通事故发生后，当事人如果不符合自行协商的条件或无法通过自行协商达成一致意见的，在收到道路交通事故认定书、道路交通事故证明或上一级公安机关交通管理部门维持原道路交通事故认定的复核结论之日起10天内，可以一致书面申请公安机关交通管理部门对事故的损害赔偿纠纷进行调解。

收到事故当事人提起的调解申请后，公安机关交通管理部门应当按照合法、公正、自愿、及时的原则进行道路交通事故损害赔偿调解。一般情况下，道路交通事故损害赔偿调解应当公开进行，但如有一方或多方当事人申请不予公开的，可以采用不公开的方式进行调解。

在收到事故当事人提交的书面申请后，公安机关交通管理部门应当与提起调解申请的事故当事人协商约定纠纷调解的时间和地点，并于调解时间的3天前分别通知到事故的当事人。如果某一方或多方调解参加人因故不能按期参加纠纷调解的，必须在预定调解时间的1天前告知承办的交通警察并请求变更调解时间。

调解时间及地点确定后，以下人员应当做好准备并参加由公安机关交通管理部门主持的交通事故损害赔偿纠纷调解：

1. 道路交通事故当事人及其代理人；

2. 道路交通事故车辆所有人或者管理人；

3. 承保机动车保险的保险公司人员；

4. 公安机关交通管理部门认为有必要参加并发出通知要求参加的其他人员。

需要注意的是，参加损害赔偿调解的人员每方不得超过三人。其中参加调解的委托代理人应当出具由委托人签名或者盖章的授权委托书，并且授权委托书中应当载明委托人的委托事项和给予代理人的代理权限。

12. 机动车上路行驶需要符合哪些基本条件？

在我国，机动车上路行驶必须符合特定的法律法规及规范性文件的规定，否则会面临行政乃至刑事处罚，因此履行相关法律规定、合法文明驾驶机动车需要了解和执行以下强制性规定。

1. 机动车上路行驶前必须依法完成登记。

我国对机动车实行登记制度，机动车经公安机关交通管理部门登记后，方可上道路行驶；暂时未完成登记程序的机动车需要临时上道路行驶的，应当取得临时通行牌证。机动车所有人初次申请机动车注册登记的，应当向机动车所有人住所地的公安机关交通管理部门提出申请并申领机动车号牌、行驶证。申请机动车注册登记，应当交验机动车，并提交：（1）机动车所有人的身份证明；（2）购车发票等机动车来历证明；（3）机动车整车出厂合格证明或者进口机动车进口凭证；（4）车辆购置税完税证明或者免税凭证；（5）机动车第三者责任强制保险凭证；（6）法律、行政法规规定应当在机动车注册登记时提交的其他证明、凭证；（7）不属于国务院机动车产品主管部门规定免予安全技术检验的车型的，还应当提供机动车安全技术检验合格证明。

2. 机动车上路行驶前必须购买机动车交通事故责任强制保险。

机动车交通事故责任强制保险具有强制性。《机动车交通事故责任强制保险条例》第 2 条第 1 款规定，在中华人民共和国境内道路上行驶的机动车的所有人或者管理人，都应当依照《道路交通安全法》的规定投保机动车交通事故责任强制保险。

3. 机动车上路行驶，应当悬挂机动车号牌，放置检验合格标志、保险标志，并随车携带机动车行驶证。

按照《道路交通安全法实施条例》的规定，机动车的号牌应当悬挂在车前及车后的指定位置并保持号牌的清晰和完整。其中重型和中型载货汽车及其挂车、拖拉机及其挂车的车身或车厢的后部都应当用显眼的喷漆喷涂放大的机动车牌号，喷涂的车牌号应当保持端正和清晰。上路行驶的机动车还应当在车辆前窗的右上角粘贴有效期内的检验合格标志及保险标志，同时随车携带有效的机动车行驶证。

4. 上路行驶的机动车应按车辆管理机关规定的期限接受安全技术检验。

上路行驶的机动车应当从注册登记之日起，根据车型的不同，按照《道路交通安全法实施条例》第16条的规定，定期进行安全技术检验，未按规定检验或检验不合格的，不准继续行驶。

5. 此外《道路交通安全法实施条例》第14条还规定，用于公路营运的载客汽车、重型载货汽车、半挂牵引车应当安装、使用符合国家标准的行驶记录仪。

13. 机动车载人应当遵守哪些规定?

《道路交通安全法》第40条、第50条和《道路交通安全法实施条例》第55条都对机动车载人应当遵守的规则进行了明确，上路行驶的营运客车、小汽车和摩托车等机动车如要载人，必须遵守相关的法律规定，依法行驶、文明驾驶。

1. 营运客车不得超载。《道路交通安全法实施条例》第55条规定，公路载客汽车不得超过核定的载客人数，但按照规定免票的儿童除外，在载客人数已满的情况下，按照规定免票的儿童不得超过核定载客人数的10%。客车超载会大幅增加发生交通事故的隐患，同时还会受到罚款及扣分等行政处罚，因此营运主体应当严格按照核定的载客人数开展营运活动，而乘客也应当主动拒绝乘坐超载客车，为自己的生命财产安全负责。

2. 货运机动车不得载客。用于货运用途的机动车禁止载客，但货运机动车如需附载必要的作业人员的，应当事先设置保护作业人员的安全措施。

3. 载货汽车的车厢不得载客。厢式货车的车厢不得用于载客，但在城市道路上，货运机动车在留有安全位置的情况下，车厢内可以附载临时作业人员1~5人；载物高度超过车厢栏板时，货物上不得载人。

4. 摩托车载人有限制。根据《道路交通安全法实施条例》的规定，摩托车的后座不得乘坐未满12周岁的未成年人，此外按照技术标准划分为轻便摩托车的摩托类机动车除了驾驶员外不允许载人。

14. 非机动车在道路上通行应当遵守哪些规定？

由于非机动车相对于机动车在道路行驶过程中处于交通弱势地位，一旦与机动车发生碰撞等交通事故往往会遭受更大的损害，因此非机动车在道路上通行应当更加警惕和小心，严格遵守交通规则和相关法律法规的要求，切实保护自身的交通安全。

非机动车应当在专门的非机动车道上行驶，驾驶自行车、三轮车等非机动车必须年满 12 周岁，驾驶电动自行车和残疾人机动轮椅车必须年满 16 周岁。与驾驶机动车一样，驾驶非机动车同样不得醉酒驾驶。

非机动车通过有交通信号灯控制的交叉路口，应当按照下列规定通行：

1. 转弯的非机动车让直行的车辆、行人优先通行。

2. 遇有前方路口交通阻塞时，不得进入路口。

3. 向左转弯时，靠路口中心点的右侧转弯。

4. 遇有停止信号时，应当依次停在路口停止线以外；没有停止线的，停在路口以外。

5. 向右转弯遇有同方向前车正在等候放行信号时，在本车道内能够转弯的，可以通行；不能转弯的，依次等候。

除上述通行要求之外，非机动车通过没有交通信号灯控制也没有交通警察指挥的交叉路口还应当遵守以下规定：

1. 有交通标志、标线控制的，让优先通行的一方先行。

2. 没有交通标志、标线控制的，在路口外慢行或者停车瞭望，让右方道路的来车先行。

3. 相对方向行驶的右转弯的非机动车让左转弯的车辆先行。

驾驶自行车、电动自行车、三轮车在路段上横过机动车道，应当下车推行，有人行横道或者行人过街设施的，应当从人行横道或者行人过街设施通过；没有人行横道、没有行人过街设施或者不便使用行人过街设施的，在确认安全后直行通过。因非机动车道被占用无法在本车道内行驶的非机动车，可以在受阻的路段借用相邻的机动车道行驶，并在驶过被占用路段后迅速驶回非机动车道。机动车遇此情况应当减速让行。

15. 行人在道路上通行应当遵守哪些规定？

行人相对于机动车在道路通行环境中处于交通弱势地位，一旦与机动车或非机动车发生碰撞等交通事故往往会直接遭受身体的撞击，造成严重的人身损害，因此行人在道路上通行应当时刻保持警惕和小心，严格遵守交通规则和相关法律法规的要求，切实保护自身的交通安全。

行人在道路上通行，必须在道路专门设置的人行道路上行走。对于一些狭窄的没有单独设置人行道的道路，行人必须靠边行走并注意保持与机动车的距离，时刻注意观察来往车辆。当行人列队在道路上通行，例如幼儿园或小学放学时学生结队步行等情形，要求每横列不得超过两个人，但在已经实行交通管制的路段不受限制。

当行人需要横穿机动车道过马路时，应当从人行天桥、地下过街通道等行人过街设施上通过；如果遇到没有行人过街设施的道路，则必须坚持从人行横道通过；如果该道路上也没有设置人行横道的，则行人应当观察来往车辆的情况，确认暂时没有来往车辆或来往车辆已发现自己并作出减速动作后再快速直行通过，不得在车辆临近时突然加速横穿或者中途倒退、折返。

此外必须注意的是，行人在道路上通行不得使用滑板、旱冰鞋等滑行工具，行人不能穿着溜冰鞋或使用滑板在道路上滑行通过，也不能在机动车道及非机动车道上坐卧、停留、嬉闹等，更不得作出追车、抛物击车等妨碍道路交通安全的行为。

16. 乘坐机动车应当遵守哪些规定？

乘坐机动车可以说是我们每个人在日常生活中都会进行的交通活动。事实上，乘客乘坐机动车也必须遵守一定的交通规则和法律规定。例如《道路交通安全法实施条例》第77条就对乘客乘坐机动车时应当遵守的规则和注意的事项进行了详细的列举。

首先，乘客不得在机动车道上拦乘机动车，需要乘坐机动车的乘客必须到车站等候上车或在机动车发动之前在停车位上车坐好，不得在机动车行驶的过程中，直接站在机动车道上拦乘。

其次，乘客如果要在机动车道上上下车，必须从车辆的右侧车门上下，在上下车之前，必须履行充分的注意义务，提前观察前后方来车或来人情况，在确认安全的情况下再打开右侧车门上下车，乘客开关车门时不得妨碍其他车辆和行人的正常通行。

最后，在搭乘的机动车行驶过程中，乘客不得干扰司机的驾驶行为，频发的公交车乘客恶意干扰司机驾驶、抢夺方向盘等行为造成的严重交通事故已经为我们敲响了乘车安全的警钟；同时，乘客不得与司机长时间进行聊天等不必要的交谈，不得将身体的任何部分伸出车外，更不得进行跳车等高度危险的动作。

需要注意的是，乘坐两轮摩托车的乘客应当保持与行车方向一致的正向骑坐姿势，不得进行反向乘坐或侧向乘坐等危险动作。

17. 驾驶人的哪些行为会被认定为“无证驾驶”？

事实上，我国法律中并没有“无证驾驶”这一法定概念。日常生活中提到的“无证驾驶”，主要是指法律规定的机动车驾驶人未取得驾驶资格或未取得相应驾驶资格的情形。《道路交通安全法》《道路交通安全法实施条例》及公安机关交通管理部门出台的相关规定中列举了一些应当认定为“无驾驶资格”的情形，主要包括下列行为：

1. 驾驶人驾驶机动车时尚未取得机动车驾驶证的；

2. 驾驶人驾驶的机动车与其驾驶证载明的准驾车型不符的；

3. 驾驶人的驾驶证被暂扣、吊销期间驾驶机动车上路行驶的；

4. 驾驶人获取驾驶证的程序不合法，例如机动车驾驶人未经驾驶员培训学校的培训及考试，非法购买机动车驾驶证或伪造、变造机动车驾驶证的；

5. 驾驶人的年龄或健康状况不符合机动车驾驶条件的；

6. 驾驶人持军队、武装警察部队驾驶证驾驶民用机动车的（有特殊许可的除外）；

7. 驾驶人持境外驾驶证在境内驾驶机动车的。

“无证驾驶”作为违法行为，可能被公安机关交通管理部门处以罚款或拘留等行政处罚，因此驾驶机动车一定要持有合法有效并与准驾车型相符的机动车驾驶证，为自己和他人的生命安全负责。

18. 对交通事故承担同等责任的双方如何确定损害赔偿比例?

情景再现

马某驾驶一辆载客中巴车往返于洪山区与江夏区之间，在途中与一辆超速行驶的小货车发生碰撞，导致马某车上的乘客韩某重伤并经鉴定构成5级伤残。经公安机关交通管理部门的调查，事故的发生中巴车与小货车均有责任；其中马某驾驶的中巴车核载 21 人但是实际载客人数为 25 人，为超载驾驶。而王某驾驶的小货车在事故发生时为超速驾驶状态，因此认定中巴车与小货车各承担 50% 的事故责任。

法律分析

在上述案例中，虽然交警部门出具的事故认定是将事故双方认定为同等责任，但是在对事故受害人韩某进行损害赔偿时，中巴车与小货车则不必完全按照事故责任的认定比例来承担损害赔偿责任。交通事故损害赔偿责任是一种侵权损害赔偿责任，各方赔偿责任的大小取决于各方在侵权行为中的过错大小，而衡量侵权过错大小的标准更为广泛，违章行为只是其中的一种，因此不能单纯以交通事故认定书中载明的责任分担比例来确定交通事故损害赔偿责任的分担比例。

案例中马某驾驶的中巴车与王某驾驶的小货车虽然都有违章行为，但是王某驾驶的小货车在事故发生时严重超速，未能及时刹车，导致正常行驶的中巴车被撞，对事故发生的过错更大。而中巴车虽然超载，但超载行为对事故后果的影响是在被撞后加重了车上人员的危险，并不是事故发生的首要原因，因此小货车一方应当在对受害人韩某的损害赔偿中承担更大比例的赔偿责任，作为主要赔偿责任的主体，而马某则承担更小比例的次要赔偿责任。

19. 非机动车与行人之间的交通事故，如何确定损害赔偿比例？

随着共享单车及电动车数量的快速增长，在道路通行的过程中，经常发生电动车、自行车等非机动车与行人之间的碰撞事故。由于非机动车与行人之间的事故无法适用《道路交通安全法》的归责原则，因此在确定非机动车与行人之间事故赔偿比例时，则是根据《民法典》的规定，适用过错责任原则来对事故双方进行责任分配。

《民法典》第1165条规定，行为人因过错侵害他人民事权益造成损害的，应当承担侵权责任。这就是民事侵权中的过错责任原则，即有过错的行为人应当为他的过错承担相应程度的法律责任。

例如，在非机动车道上骑行电助力车的小李因为在车篓中放置超过车辆宽度的钢筋，骑行过程中钢筋剐伤在非机动车道上行走的行人小黄。这种情况下，小李随意搭载钢筋骑行，没有对骑行过程中的其他车辆和行人尽到安全注意的义务，而行人小黄未按规定在人行道路上行走，也违反了交通规则，双方在这一事故中都存在过错，根据过错责任原则，小李和小黄都应当按照各自在事故中的过错比例来分担损害赔偿责任。

在现实生活中，还存在一些因事故现场保护不当、证据保存不利或事故情况较为复杂以致无法判定非机动车与行人之间过错比例的情况，根据公平原则，由非机动车一方与行人一方平均承担事故的赔偿责任。

20. 什么是道路交通事故中的“人身伤亡”，人身伤亡可以得到哪些赔偿？

《道路交通安全法》第 76 条指出，机动车发生交通事故造成人身伤亡、财产损失的，由保险公司在机动车第三者责任强制保险责任限额范围内予以赔偿。本条款明确了机动车交通事故责任强制保险的保险范围即是机动车交通事故中的人身伤亡及财产损失。

根据《最高人民法院关于审理道路交通事故损害赔偿案件适用法律若干问题的解释》（以下简称《道路交通事故损害赔偿案件司法解释》）第 14 条的规定，机动车交通事故中的人身伤亡是指机动车发生交通事故侵害被侵权人的生命权、健康权等人身权益所造成的损害。由此可见，“人身伤亡”是指机动车交通事故对受害人生命或人身健康的损害。相对于财产损失而言，人身伤亡因与生命和健康息息相关，因此更具赔偿的急迫性。

《民法典》对“人身损害”的赔偿项目作出了列举式的规定。其中第 1179 条规定，侵害他人造成人身损害的，应当赔偿医疗费、护理费、交通费、营养费等为治疗和康复支出的合理费用，以及因误工减少的收入。造成残疾的，还应当赔偿辅助器具费和残疾赔偿金；造成死亡的，还应当赔偿丧葬费和死亡赔偿金。此外，第1183条还规定，侵害自然人人身权益造成严重精神损害的，被侵权人有权请求精神损害赔偿。

从上述规定可以看出，人身伤亡也即人身损害，可以获得的赔偿项目主要包括三个方面：（1）为治疗伤情恢复健康所支出的合理费用，例如医疗费、护理费等赔偿。（2）因伤导致残疾或因事故死亡的受害人所损失的预期收益，例如受害人如果没有因为事故导致残疾或死亡，未来则可能挣得更多的收入，因此侵权人应当补偿受害人这一部分预期收益的损失，误工费、残疾赔偿金、死亡赔偿金都属于这一类型的赔偿。（3）受害人或受害人家属因事故导致的精神损害，如因事故情况惨烈或造成受害人严重的死伤后果，给受害人或受害人家属造成严重的精神痛苦和心理创伤的，侵权人应当赔偿被侵权人一定的精神抚慰金。

21. 什么是道路交通事故中的“财产损失”，哪些财产损失可以得到赔偿？

《道路交通安全法》第76条指出，机动车发生交通事故造成人身伤亡、财产损失的，由保险公司在机动车第三者责任强制保险责任限额范围内予以赔偿。本条款明确了机动车交通事故责任强制保险的保险范围即是机动车交通事故中的人身伤亡及财产损失。

根据《道路交通事故损害赔偿案件司法解释》第 14 条的规定，机动车交通事故中的财产损失是指因机动车发生交通事故侵害被侵权人的财产权益所造成的损失。不同于人身损害给受害人的生命安全带来的严重损害，财产损失在道路交通事故中更为常见，但赔偿和补救的急迫性远远不如人身损害，因此法律规定的对财产损失的赔偿标准都以实际损失为限，且交强险对于财产损失的保险额度也低于人身损害。

关于道路交通事故中的财产损失，《道路交通事故损害赔偿案件司法解释》第 15 条作了列举式规定。根据规定，因道路交通事故造成的以下 4 类财产损失，当事人可以请求侵权人予以赔偿。

1. 维修被损坏车辆所支出的费用、车辆所载物品的损失、车辆施救费用。例如，事故导致被侵权人的车辆被撞坏所花费的修车费用及将损坏车辆拖离事故现场花费的拖车费等。

2. 因车辆灭失或者无法修复，为购买交通事故发生时与被损坏车辆价值相当的车辆重置费用。如果交通事故情况较为严重，被侵权人的车辆被撞至无法通过修理恢复正常使用，则侵权人应当按照事故发生时损毁车辆的实际价值予以赔偿。

3. 依法从事货物运输、旅客运输等经营性活动的车辆，因无法从事相应经营活动所产生的合理停运损失。例如，事故导致被侵权人用以经营日常货物运输业务的大货车损坏严重，需要较长时间才能修复，那么在大货车送修期间，被侵权人无法进行货运业务导致的停运损失，侵权人应当予以赔偿。

4. 非经营性车辆因无法继续使用，所产生的通常替代性交通工具的合理费用。例如，被侵权人的家用小轿车在事故中被损坏，在小轿车送修期间被侵权人一家无法驾驶私家车上班或上学，那么侵权人应当就被撞车辆送修期间受害人一家日常出行的花费进行补偿。

22. 什么是《交通事故认定书》？

发生道路交通事故后，只要事故当事人报警并由公安机关交通管理部门介入案件处理之后，一般情况下，当事人都会接到公安机关交通管理部门出具的《交通事故认定书》，作为交管部门对该起交通事故的结论性文件。

根据《道路交通安全法》第73条的规定，公安机关交通管理部门应当根据交通事故现场勘验、检查、调查情况和有关的检验、鉴定结论，及时制作《交通事故认定书》，作为处理交通事故的证据。《交通事故认定书》应当载明交通事故的基本事实、成因和当事人的责任，并送达当事人。

根据上述内容可知，公安机关交通管理部门是唯一有权向当事人出具《交通事故认定书》的机构，而《交通事故认定书》的性质及作用则是作为处理交通事故的证据，其作为证据所载明的内容主要包含该起交通事故的基本事实、成因及交管部门基于事故事实作出的对于事故各方当事人的责任认定。

由于《交通事故认定书》是人民法院定罪量刑和确定损害赔偿的证据，其在很大程度上影响到法院对于事故责任人的行政责任、民事赔偿责任和刑事责任的认定，因此《交通事故认定书》的证明力尤为重要，所以往往成为当事人争议的焦点。

关于《交通事故认定书》的证明效力，《道路交通事故损害赔偿案件司法解释》第 27 条规定，公安机关交通管理部门制作的《交通事故认定书》，人民法院应依法审查并确认其相应的证明力，但有相反证据推翻的除外。

换言之，《交通事故认定书》作为法院审查交通事故类刑事案件、损害赔偿纠纷类案件及行政责任案件的重要证据来源，法院应依证据规则审查其效力性及证明力，若有其他证据证明其存在错误，法院不应采信该证据，而应以自己审理认定的事实作为定案根据。

23. 拖拉机和联合收割机需要进行车辆登记吗？需要提交哪些登记材料？

拖拉机及联合收割机作为常见的农业用具，属于机动车的范畴，因此也需要进行机动车登记。

根据《拖拉机和联合收割机登记规定》第2条的规定，拖拉机包括轮式拖拉机、手扶拖拉机、履带拖拉机、轮式拖拉机运输机组和手扶拖拉机运输机组。而联合收割机则包括轮式联合收割机和履带式联合收割机。

拖拉机及联合收割机应当像其他机动车一样，申领机动车号牌和车辆行驶证。初次申领拖拉机、联合收割机号牌、行驶证的，应当在申请注册登记前，对拖拉机、联合收割机进行安全技术检验，只有取得安全技术检验合格证明的拖拉机及联合收割机才能办理注册登记。其中依法通过农机推广鉴定的机型，除拖拉机运输机组外，其他拖拉机及联合收割机新机在出厂时经检验获得出厂合格证明的，出厂后的一年内可以免予安全技术检验，直接进行注册登记。

在取得安全技术检验合格证明后，拖拉机或联合收割机的所有人应当向其居住地的农机监理机构进行注册登记的申请。申请人应当按照要求填写登记申请表，并向农机监理机构交验申请登记的拖拉机或联合收割机，同时申请人还应当向农机监理机构提交以下材料：

1. 申请登记的拖拉机或联合收割机的所有人身份证明文件，自然人应当提交身份证，公司等法人单位应当提交营业执照复印件等；

2. 申请登记的拖拉机或联合收割机的来历证明，如车辆购销合同等；

3. 申请登记的拖拉机或联合收割机的出厂合格证明或进口凭证；

4. 申请注册登记的拖拉机运输机组还应当提交交通事故责任强制保险的投保凭证；

5. 除免检机型的相关产品外，申请登记的拖拉机或联合收割机还应当提交已获取的安全技术检验合格证明。

24. 申请机动车驾驶证需要符合哪些条件？

机动车驾驶人必须持有有效的机动车驾驶证才可以驾驶车辆，而要申请机动车驾驶证必须符合特定的条件，《机动车驾驶证申领和使用规定》第 12 条从年龄条件和身体条件两个方面对申请人进行了明确的规定。

首先，要申请机动车驾驶证必须符合以下年龄条件：

1. 申请小型汽车、小型自动挡汽车、残疾人专用小型自动挡载客汽车、轻便摩托车准驾车型的，申请人应当在 18 周岁以上，70 周岁以下；

2. 申请低速载货汽车、三轮汽车、普通三轮摩托车、普通二轮摩托车或者轮式自行机械车准驾车型的，申请人应当在 18

周岁以上，60周岁以下；

3. 申请城市公交车、大型货车、无轨电车或者有轨电车准驾车型的，要求申请人的年龄必须在20周岁以上，50周岁以下；

4. 申请中型客车准驾车型的，申请人应当在21周岁以上，50周岁以下；

5. 申请牵引车准驾车型的，申请人应当在24周岁以上，50周岁以下；

6. 申请大型客车准驾车型的，申请人应当在26周岁以上，50周岁以下；

7. 接受全日制驾驶职业教育的学生，申请大型客车、牵引车准驾车型的，要求申请人的年龄在20周岁以上，50周岁以下。

其次，申请相应准驾车型驾驶证的申请人还应符合以下身体条件：

1. 身高：申请大型客车、牵引车、城市公交车、大型货车、无轨电车准驾车型的，身高为155厘米以上。申请中型客车准驾车型的，身高为150厘米以上。

2. 视力：申请大型客车、牵引车、城市公交车、中型客车、大型货车、无轨电车或者有轨电车准驾车型的，两眼裸视力或者矫正视力达到对数视力表5.0以上。申请其他准驾车型的，两眼裸视力或者矫正视力达到对数视力表4.9以上。单眼视力障碍，优眼裸视力或者矫正视力达到对数视力表5.0以上，且水平视野达到150度的，可以申请小型汽车、小型自动挡汽车、低速载货汽车、三轮汽车、残疾人专用小型自动挡载客汽车准驾车型的机动车驾驶证。

3. 辨色力：无红绿色盲。

4. 听力：两耳分别距音叉50厘米能辨别声源方向。有听力障碍但佩戴助听设备能够达到以上条件的，可以申请小型汽车、小型自动挡汽车准驾车型的机动车驾驶证。

5. 上肢：双手拇指健全，每只手其他手指必须有三指健全，肢体和手指运动功能正常。但手指末节残缺或者左手有三指健全，且双手手掌完整的，可以申请小型汽车、小型自动挡汽车、低速载货汽车、三轮汽车准驾车型的机动车驾驶证。

6. 下肢：双下肢健全且运动功能正常，不等长度不得大于5厘米。但左下肢缺失或者丧失运动功能的，可以申请小型自动挡汽车准驾车型的机动车驾驶证。

7. 躯干、颈部：无运动功能障碍。

8. 右下肢、双下肢缺失或者丧失运动功能但能够自主坐立，且上肢符合第5点关于上肢的要求的，可以申请残疾人专用小型自动挡载客汽车准驾车型的机动车驾驶证。一只手掌缺失，另一只手拇指健全，其他手指有两指健全，上肢和手指运动功能正常，且下肢符合第6点关于下肢条件的规定的，可以申请残疾人专用小型自动挡载客汽车准驾车型的机动车驾驶证。

25. 哪些人不得申请机动车驾驶证？

根据《机动车驾驶证申领和使用规定》，申请我国机动车驾驶证的申请人必须符合相关准驾车型对驾驶人年龄、驾驶经验及身体健康状况的要求，并通过相应的驾驶培训及考核方能取得机动车驾驶证。

但是，法律法规明确规定了部分情形下，自然人不得申请机动车驾驶证。根据《机动车驾驶证申领和使用规定》第13条，有下列情形之一的，不得申请机动车驾驶证：

1. 自然人有器质性心脏病、癫痫病、美尼尔氏症、眩晕症、癔病、震颤麻痹、精神病、痴呆以及影响肢体活动的神经系统疾病等妨碍安全驾驶疾病的，不得申请机动车驾驶证；

2. 自然人在3年内有吸食、注射毒品行为或者解除强制隔离戒毒措施未满3年，又或者长期服用依赖性精神药品成瘾尚未戒除的，不得申请机动车驾驶证；

3. 申请人如果曾肇事造成交通事故后存在肇事逃逸行为并构成犯罪的，不允许申请机动车驾驶证；

4. 申请人如果曾因饮酒后或者醉酒驾驶机动车发生重大交通事故构成犯罪的，不允许申请机动车驾驶证；

5. 申请人因为醉酒驾驶机动车或者饮酒后驾驶营运机动车

依法被吊销机动车驾驶证未满5年的，在禁止申请的期限内不允许申请机动车驾驶证；

6. 申请人因为醉酒驾驶营运机动车依法被吊销机动车驾驶证未满10年的，在禁止申请的期限内不允许申请机动车驾驶证；

7. 申请人因其他情形依法被吊销机动车驾驶证未满2年的，在禁止申请的期限内不允许申请机动车驾驶证；

8. 法律法规规定的其他不得申请机动车驾驶证的情形。

26. 驾驶校车需要符合哪些条件？

由于校车的驾驶安全关系着青少年的生命安全，因此法律法规及相关规范对于校车驾驶人的驾驶资格有着非常严格的规定，校车驾驶人不仅需要取得相应车型的驾驶证，还应当符合特殊的校车驾驶条件。

根据《机动车驾驶证申领和使用规定》第82条，校车驾驶人应当依法取得校车驾驶资格。而取得校车驾驶资格则应当符合以下的特别条件。

1. 校车驾驶人在取得相应准驾车型驾驶证的基础上还应当具有3年以上驾驶经历，并且年龄在25周岁以上、60周岁以下；

2. 校车驾驶人在最近连续3个记分周期即最近连续3年内没有过被记满12分的处罚记录；

3. 校车驾驶人在以往的驾驶经历中没有过致人死亡或者重伤的交通事故责任的事故记录；

4. 校车驾驶人在以往的驾驶经历中没有过酒后驾驶或者醉酒驾驶机动车的违法违章记录，在最近一年内没有过驾驶客运车辆超员、超速等严重交通违法行为的记录；

5. 校车驾驶人必须是无犯罪记录的自然人；

6. 校车驾驶人必须身心健康，无传染性疾病，无癫痫病、精神病等可能危及行车安全的疾病病史，并且没有酗酒、吸毒的行为记录。

27. 公安机关交通管理部门接到交通事故当事人报警后应当如何处理?

公安机关交通管理部门作为机动车道路交通事故的主管部门，在接到交通事故当事人或其他目击人员的报警后，应当立即指派交通警察等相关公务人员赶赴事故现场，对道路交通事故进行处置。

根据《道路交通事故处理程序规定》第16条的规定，公安机关及其交通管理部门在接到交通事故当事人报警后，应当受理报警并立即出警，在对事故当事人或目击人员等进行询问并勘察现场情况后，应当制作受案登记表并将下列内容记录在案。

1. 报警人的报警方式、时间，报警人姓名、联系方式等应当明确记录在登记表中，报警人以电话方式报警的，还应当记录报警电话；其中报警人因为私人原因拒绝报告姓名的，应当记录在案，报警人不愿意公开姓名的，公安机关交通管理部门应当为其保密；

2. 受案登记表上应当记载当事人或目击人员报告的发生或者发现该道路交通事故的时间及地点；

3. 该道路交通事故的人员伤亡情况也应当正确记载于受案登记表中；

4. 涉事车辆的车辆类型、车辆号牌号码等信息应当正确记载；

5. 涉事车辆是否载有危险物品以及该危险物品的种类、是否发生泄漏等情况；

6. 如果该交通事故涉嫌交通肇事逃逸的，还应当向当事人或目击者询问并记录肇事车辆的车型、颜色、特征及其逃逸方向、逃逸驾驶人的体貌特征等有关情况。

28. 交通事故构成工伤的条件有哪些？

工伤是指员工在履行工作职责或合理的上下班时间及路途中发生的因工伤亡，在道路交通事故中也存在着许多工伤事故。

根据《工伤保险条例》第14条的规定，职工在上下班途中，受到非本人主要责任的交通事故或者城市轨道交通、客运轮渡、火车事故伤害的，应当认定为工伤。根据此条规定所述之定义，交通事故要构成工伤事故必须符合以下几个条件。

首先，上述规定中载明的“上下班途中”应当是指员工在合理的上下班时间并行驶或行走于合理的上下班路途中。

其次，第14条规定的“非本人主要责任的交通事故”包括非本人主要责任的公路交通事故和非本人主要责任的城市轨道交通、客运轮渡和火车事故。其中，“交通事故”是指根据《道路交通安全法》第119条规定的车辆在道路上因过错或者意外造成的人身伤亡或者财产损失事件。“车辆”包括机动车和非机动车，而“道路”则是指公路、城市道路和虽在单位管辖范围但允许社会机动车通行的地方，包括广场、公共停车场等用于公众通行的场所。

最后，“非本人主要责任”事故的认定应当以公安机关交通管理、交通运输、铁道等部门或司法机关以及其他相关法律、行政法规授权组织出具的相关法律文书为依据。

满足工伤认定条件的交通事故中，发生工伤的员工不仅可以获得工伤保险或者用人单位的赔偿，如果事故是由于第三人侵权导致的，还可以向侵权人主张侵权损害赔偿。

29. 机动车转让、抵押或者报废的，是否需要进行登记？

机动车必须经过合法登记方能上路行驶，除了新购置的机动车应当办理注册登记外，根据《道路交通安全法》第12条规定，有下列情形之一的，机动车主也应当办理相应的登记：（1）机动车所有权发生转移的；（2）机动车登记内容变更的；（3）机动车用作抵押的；（4）机动车报废的。

第一，机动车的所有权发生转移的，需要在车辆原登记地的车管所申请转移登记，根据《机动车登记规定》第18条，已注册登记的机动车所有权发生转移的，现机动车所有人应当自机动车交付之日起30日内向登记地车辆管理所申请转移登记。需要提醒的是，机动车所有人申请转移登记前，应当将涉及该车的道路交通安全违法行为如违停、闯红灯等违章扣分事项，以及该车辆所涉及的道路交通事故处理完毕后再办理转移登记。

第二，如要以机动车作为抵押物的，必须按照规定办理抵押登记。为保障抵押权人及其他第三人的合法权益，《机动车登记规定》第22条规定，机动车所有人将机动车作为抵押物抵押的，应当向登记地车辆管理所申请抵押登记；抵押权消灭的，应当向登记地车辆管理所申请解除抵押登记。也就是说，无论是以机动车作为抵押物设立抵押还是在相应的抵押事宜解除后，机动车所有人都应当办理登记手续；在车辆抵押期间，机动车所有人不得随意变卖、处置车辆。

第三，如果已办理注册登记的机动车存在以下情况：（1）车身颜色改变；（2）发动机更换；（3）车身或车架更换；（4）因质量问题更换了整车；（5）机动车性质发生了变更，如非营运机动车变更为营运机动车的；（6）机动车所有人的住所迁出或迁入该机动车车管所管辖区域的；（7）机动车所有人为多个人，需要变更其中部分人姓名的，都应当向当地车管所申请变更登记。

第四，已达到国家强制报废标准的机动车，机动车所有人向机动车回收企业交售机动车时，应当填写申请表，向机动车回收企业提交机动车登记证书、号牌和行驶证。机动车回收企业应当确认机动车并解体，向机动车所有人出具《报废机动车回收证明》。报废的校车、大型客、货车及其他营运车辆应当在车辆管理所的监督下解体。机动车回收企业应当在机动车解体后7日内将申请表、机动车登记证书、号牌、行驶证和《报废机动车回收证明》副本提交车辆管理所，申请注销登记。

30. 什么是“酒驾”“醉驾”？

“开车不喝酒，喝酒不开车”是我们在生活中经常听到的安全宣传标语，随着机动车保有量的进一步增长，酒后驾驶导致的交通事故对社会安全造成越来越恶劣的影响。

从法律角度来看，酒后驾驶根据醉酒程度不同，分为“酒驾”及“醉驾”两种。其中我们俗称的“酒驾”即饮酒驾车，是指车辆驾驶人员饮酒后血液中的酒精含量大于或者等于20mg/100mL，小于80mg/100mL的驾驶行为。而“醉驾”即醉酒驾驶，是指车辆驾驶人员血液中的酒精含量大于或者等于80mg/100mL的驾驶行为。无论是“酒驾”还是“醉驾”，都是违反《道路交通安全法》的违法行为，都将面临非常严格的处罚。如因“醉驾”或“酒驾”导致重大交通事故的，驾驶人还可能构成刑事犯罪，面临更为沉重的刑事责任。

31. “酒驾”和“醉驾”分别会受到哪些处罚？

关于“酒驾”的处罚，《道路交通安全法》第91条规定，饮酒后驾驶机动车的，处暂扣6个月机动车驾驶证，并处1000元以上2000元以下罚款。因饮酒后驾驶机动车被处罚，再次饮酒后驾驶机动车的，处10日以下拘留，并处1000元以上2000元以下罚款，吊销机动车驾驶证。而“醉驾”即醉酒驾驶机动车的，由公安机关交通管理部门约束至酒醒，吊销机动车驾驶证，依法追究刑事责任；5年内不得重新取得机动车驾驶证。

由于酒后驾驶营运机动车对人民群众的生命财产安全影响

更加恶劣，因此，《道路交通安全法》对驾驶员酒后驾驶营运车辆的行为作了加重处罚的规定。其中，饮酒后驾驶营运机动车的，处15日拘留，并处5000元罚款，吊销机动车驾驶证，5年内不得重新取得机动车驾驶证。醉酒驾驶营运机动车的，由公安机关交通管理部门约束至酒醒，吊销机动车驾驶证，依法追究刑事责任；10年内不得重新取得机动车驾驶证，重新取得机动车驾驶证后，不得驾驶营运机动车。

此外，饮酒后或者醉酒驾驶机动车发生重大交通事故，构成犯罪的，将被依法追究刑事责任，并由公安机关交通管理部门吊销其机动车驾驶证，终生不得重新取得机动车驾驶证，终生不得再驾驶机动车。

行车安全关乎生命，酒后驾车也将面临严格的处罚，因此全体机动车驾驶人务必摒弃侥幸心理，杜绝酒后驾车行为，严格遵守交通法律法规，切实保护自身及他人的生命财产安全。

32. 道路交通安全违法行为的记分是如何规定的？

机动车驾驶人驾驶机动车上路行驶必须严格遵守交通规则对车辆行驶的规定，如机动车驾驶人违反道路交通安全规定，交管部门就会对违法驾驶人进行“违章处罚”，处罚的方式主要包括记分和罚款等。

《机动车驾驶证申领和使用规定》第65条规定，道路交通安全违法行为累积记分周期（即记分周期）为12个月，满分为12分，从机动车驾驶证初次领取之日起计算。依据道路交通安全违法行为的严重程度，一次记分的分值为：12分、6分、3分、2分、1分五种。也就是说，每本驾驶证持有人在一年内有12分可以用于抵扣“违章处罚”，各类交通安全违法行为的累计记分小于12分的，机动车驾驶人可自行查询或根据交管部门的执法通知单对处罚结果进行处理。

当机动车驾驶人在一个记分周期内累积记分达到12分的，根据《机动车驾驶证申领和使用规定》第68条之规定，公安机关交通管理部门应当扣留驾驶人的机动车驾驶证。机动车驾驶证被扣留后，驾驶人应当在15日内到机动车驾驶证核发地或者违法行为地公安机关交通管理部门参加为期7日的道路交通安全法律、法规和相关知识学习。机动车驾驶人参加学习后，车辆管理所应当在20日内对其进行道路交通安全法律、法规和相关知识考试。考试合格的，记分予以清除，发还机动车驾驶证；考试不合格的，继续参加学习和考试。拒不参加学习，也不接受考试的，由公安机关交通管理部门公告其机动车驾驶证停止使用。

机动车驾驶人在一个记分周期内有两次以上达到12分或者累积记分达到24分以上的，车辆管理所还应当在道路交通安全法律、法规和相关知识考试合格后10日内按照驾驶人所持的机动车驾驶证载明的最高准驾车型对其进行道路驾驶技能考试。

33. 驾驶人的实习期是多久？实习期内有何特殊规定？

当驾驶证申请人在通过车辆管理所组织的包括道路交通安全法律法规、驾驶理论相关知识及道路驾驶技能等4科目的考试合格并领取机动车驾驶证后，驾驶人还需要经过一段时间的实习期。《道路交通安全法实施条例》第22条规定，机动车驾驶人初次申领机动车驾驶证后的12个月为实习期，即驾驶人的实习期为1年。驾驶人在实习期内，必须遵守法律法规对实习期内驾驶人的特殊规定。

第一，实习期内必须悬挂统一标志。驾驶人在实习期内驾驶机动车的，应当在所驾驶的机动车车身后部粘贴或者悬挂统一式样的实习标志。

第二，实习期内不得驾驶部分特殊车辆。机动车驾驶人在实习期内不得驾驶公共汽车、营运客车或者执行任务的警车、消防车、救护车、工程救险车以及载有爆炸物品、易燃易爆化学物品、剧毒或者放射性等危险物品的机动车；驾驶的机动车不得牵引挂车。

第三，部分准驾车型在实习期满还应当参加考试或培训。根据《机动车驾驶证申领和使用规定》第 74 条之规定，新取得大型客车、牵引车、城市公交车、中型客车、大型货车驾驶证的，实习期结束后 30 日内应当参加道路交通安全法律法规、交通安全文明驾驶、应急处置等知识考试，并接受不少于半小时的交通事故案例警示教育。

第四，驾驶人在实习期内上高速公路行驶的还应当有所陪同。《机动车驾驶证申领和使用规定》第 75 条规定，驾驶人在实习期内驾驶机动车上高速公路行驶，应当由持相应或者更高准驾车型驾驶证 3 年以上的驾驶人陪同。其中，驾驶残疾人专用小型自动挡载客汽车的，可以由持有小型自动挡载客汽车以上准驾车型驾驶证的驾驶人陪同。

34. 哪些情形下，机动车需要申领“临时牌照”？

《道路交通安全法》第 11 条明确规定，驾驶机动车上道路行驶，应当悬挂机动车号牌；未按规定悬挂机动车号牌的将被处罚。但日常生活中，新购置的机动车或机动车办理登记地转移时，往往需要一定的时间来办理相关手续，但在此期间机动车往往也有上路行驶的需求，因此在机动车还未领取到正式的机动车号牌之前，机动车所有人可向公安机关交通管理部门申请发放临时的车辆行驶证明，这也就是我们常说的“临时牌照”。

在以下几种情形下，如机动车需要上路行驶的，车辆所有人应当向对应的车管所申请“临时牌照”：

1. 由于很多车主在异地车行或出卖人处购置车辆，如需把车辆从购买地驶回车辆的使用地时，就需要在车辆购买地的车管所为机动车申领临时号牌。

2. 机动车需要从原登记地转籍至新登记地时，在向原登记地车管所上缴原正式号牌的同时，应当在原登记地车管所申领一张临时号牌，以便能将车辆正常驶回新登记地。

3. 在本地区还未申领到正式号牌的新车，需驶往外地改装时，应当在本地申领临时号牌以便能够行驶至外地，改装完毕后也需在改装地申领临时号牌驶回本地区。

4. 如有车辆尚未确定要在何处进行车辆登记但需要临时使用的，应当向本地车管所申领临时号牌后方可进行使用。

第二章

CHAPTER 2

道路交通纠纷的责任承担

35. 机动车驾驶人与登记的车主不一致时，发生交通事故后责任由谁承担？

日常生活中存在着许多借用亲戚朋友的车辆或租用他人车辆上路行驶发生交通事故的情形，这些情形下机动车的实际驾驶人与车辆管理所登记的车主不一致。根据《民法典》第 1209 条之规定，因租赁、借用等情形机动车所有人、管理人与使用人不是同一人时，发生交通事故造成损害，属于该机动车一方责任的，由机动车使用人承担赔偿责任；机动车所有人、管理人对损害的发生有过错的，承担相应的赔偿责任。由此可见，一旦事故责任被判定由该机动车方承担，机动车保险公司在理赔限额内承担赔偿责任后，机动车的实际驾驶人应当承担剩余部分的赔偿责任；但如果登记的车主对该交通事故的发生也存在一定过错的，则需根据过错程度分担一定的赔偿责任。

关于车主是否对事故的发生存在过错的判定标准，《道路交通事故损害赔偿案件司法解释》第 1 条作出了明确的规定。

根据《道路交通事故损害赔偿案件司法解释》的规定，首先，如果登记的车主在出借或者出租机动车时已经知道或者理应知道机动车是存在缺陷的，例如刹车失灵或者制动系统故障等，如果该缺陷最终被认定为事故发生的原因之一的，登记的车主就要承担一定的赔偿责任。其次，如果车主明知借用人或租用人没有取得相应的机动车驾驶资格但仍将机动车出借或出租的，一旦发生交通事故，登记的车主也要分担一部分赔偿责任。最后，车主如果明知借用人或租用人有饮酒、吸毒、服用管制药品、患有精神疾病等情况仍然把机动车交与对方使用，那么车主是存在过错的，事故发生后车主也应当承担一定的赔偿责任。

36. 行人违章的情况下发生交通事故，机动车是否承担赔偿责任？

遵守交通规则是每个公民应尽的义务，但是日常生活中还是存在许多行人或非机动车不按交通信号灯提示横穿马路的不文明现象，由于道路上行驶的机动车车速较快，行人闯红灯横穿马路很容易造成道路交通事故并引起严重的伤亡后果。

关于行人违章的情况下导致道路交通事故时的责任分担问题，《道路交通安全法》第76条第2项作出了原则性的规定：“机动车与非机动车驾驶人、行人之间发生交通事故，非机动车驾驶人、行人没有过错的，由机动车一方承担赔偿责任；有证据证明非机动车驾驶人、行人有过错的，根据过错程度适当减轻机动车一方的赔偿责任；机动车一方没有过错的，承担不超过百分之十的赔偿责任。”

因此，行人经认定在交通事故中存在违章行为且违章行为与事故的发生存在因果关系的，应当根据违章行为过程程度的大小对行人方应当承担的事故责任比例进行界定，并相应减轻机动车一方的责任。总的来说，在行人与机动车双方均对事故的发生存在过错的情况下，双方均需承担一定比例的责任，具体的责任承担划分要以《道路交通事故认定书》的认定为准。

如果交通事故的发生完全是行人单方违章造成的，机动车一方对事故的发生不存在任何过错，但由于机动车一方属于“交通强者”，与行人发生交通事故对机动车的损害往往很小，但行人的伤亡情况往往较为严重，因此出于人道主义救助的因素，根据《道路交通安全法》第 76 条第 2 项的规定，视事故伤亡后果及双方当事人的基本情况，交警可能会认定机动车一方承担不超过 10% 比例的事故责任。

交通无小事，每一位行人都应当严格遵照交通规则，“宁等三分钟，不抢一秒钟”，为自己及他人的生命财产安全负责；而每一位机动车驾驶者也应当保持高度谨慎，对行人注意礼让、文明驾驶，安全有序的道路通行环境需要大家一起创造。

37. 借用他人名义办理机动车登记，发生交通事故由谁承担责任？

由于经济水平的不断提高，个人机动车保有量过大，导致许多大城市交通拥堵，地区气候变暖，为治理城市拥堵及气候恶化等问题，越来越多的城市对机动车登记实行户籍限制和摇号制度，由此也催生了许多本没有登记车牌资格的购车人借用符合登记条件的市民的资格进行机动车登记的情况。借名登记的车辆肇事，引发交通事故损害的情形也时有发生。

借用他人名义办理机动车登记，属于实际车主与登记车主不一致的一种典型表现。一般情况下，自然人借用自然人的名义办理机动车登记，不应当认定为“挂靠”关系，不适用相关法律对“挂靠”关系的归责原则，但根据《民法典》第 1209 条之规定，因租赁、借用等情形机动车所有人、管理人与使用人不是同一人时，发生交通事故造成损害，属于该机动车一方责任的，由机动车使用人承担赔偿责任；机动车所有人、管理人对损害的发生有过错的，承担相应的赔偿责任。

根据《民法典》第 1209 条规定的内容，当机动车一方承担交通事故的责任时，机动车名义上的车主只在对事故损害的发生有过错的情况下才承担一定的赔偿责任，一般情况下，由实际的机动车使用人或驾驶人来承担主要的赔偿责任。那么由此可以断定，借用他人名义办理机动车登记后，如若发生了由机动车一方承担责任的交通事故，实际的机动车使用人是肯定要承担事故的赔偿责任的。

关于名义车主借用登记资格这一行为是否存在“过错”的认定，目前全国各地的法院还没有达成一致的审判意见。部分地区的法院认为出借自己的身份证或登记资格给他人办理机动车登记的行为与事故的发生没有直接的因果关系，不能认定为对事故的发生存在过错，因此名义上的车主不需要承担赔偿责任。但是还有很大一部分地区的高级或中级人民法院都出台了审理意见，规定出借身份证或登记资格给他人办理机动车登记，借名登记的车辆如果肇事，名义车主是存在过错的，需要与实际的机动车使用人一起承担事故的连带赔偿责任或补充赔偿责任。

综上所述，借名办理登记的机动车肇事，实际的车辆使用人是一定要承担事故赔偿责任的，在很多地区，名义上登记的车主也要对事故的损害承担一定比例的赔偿责任。虽然名义上的车主是否对事故的发生存在过错、承担事故损害的赔偿责任需要根据事故发生的具体地点以及事故发生的具体原因进行具体问题具体分析，但出借自己的身份证或登记资格给他人办理登记的行为本身都是违反法律规定的。

因此，日常生活中无论在何种情况下，也不论是谁借用身份证等相关证件办理机动车登记，我们都应拒绝这样的请求，严格遵守法律法规的规定，不给自己招惹潜在的法律风险。

38. “套牌车”发生道路交通事故，赔偿责任由谁承担?

“套牌车”是指不法分子仿制或伪造他人的合法车牌，使“套牌车”的车牌号甚至车辆的行驶证、本身的颜色型号等都与被套牌的车辆一致，以躲避公安机关交通管理部门检查的一种违法行为。

“套牌车”多发生在盗抢、走私、已报废或旧车改装等法律禁止上路行驶的机动车中，也有不符合车牌申领资格的机动车主通过伪造他人合法车牌的形式挂牌上路。无论出于何种原因，“套牌车”的存在本身都是违法的，并且严重危害着交通秩序的管制和交通安全的维护。

由于“套牌车”中有很多报废车辆翻新或私自改装的情况，一旦发生交通事故，后果不堪设想。“套牌车”在严重破坏交通秩序的同时，由于其车牌及车辆行驶证的虚假性及车辆保险的缺失，一旦发生交通事故还会大大增加事故受害者的索赔难度，扩大受害者的索赔风险。

当“套牌车”肇事造成道路交通事故，且事故的责任由“套牌车”一方承担时，根据《道路交通事故损害赔偿案件司法解释》

第5条的规定，套牌机动车发生交通事故造成损害，属于该机动车一方责任，当事人请求由套牌机动车的所有人或者管理人承担赔偿责任的，人民法院应予支持。可见“套牌车”一方担责的道路交通事故，事故责任原则上由“套牌车”的所有人来承担，由于不知情的被“套牌”的车主本身也是受害者，对事故的发生不存在任何过错，因此受害人应当向“套牌车”车主请求赔偿在事故中遭受的损失。

但是，对于那些同意或帮助套牌人仿制和伪造自己名下车辆车牌和行驶证的被套牌车车主，《道路交通事故损害赔偿案件司法解释》第5条还规定“被套牌机动车所有人或者管理人同意套牌的，应当与套牌机动车的所有人或者管理人承担连带责任”。

因此，在“套牌车”车主承担事故赔偿责任的原则上，如果被套牌机动车的所有人和管理人明知他人要违法套用自己的车牌还表示同意或帮助的，则是对交通事故的发生存在过错，应当与“套牌车”的所有人一起对事故损失承担连带赔偿责任。

39. 挂靠车辆发生交通事故，被挂靠人是否承担连带责任？

挂靠车辆是指挂靠经营的车辆。通常情况下，为了符合一定的行政监管条件，许多从事道路交通运输经营活动的车辆会选择将车辆登记在具有特定运输经营权资质的单位名下，以被挂靠单位的名义进行运营并向被挂靠单位缴纳一定的管理费或挂靠费，以符合行政监管对从事经营活动车辆的要求。

在挂靠关系中，挂靠人是机动车的实际管理人或驾驶者，被挂靠单位则是有偿提供自己的经营资质以供挂靠人进行一系列合法的登记手续，因此这类机动车的实际管理人或驾驶人与登记的车辆管理人不一致。当挂靠车辆肇事，引发应当由挂靠车辆一方承担事故责任的交通事故时，应当由谁承担事故损害的赔偿责任就容易产生分歧。

关于挂靠车辆肇事引发道路交通事故并造成损害的情况下，赔偿责任由谁承担、如何承担的问题，《道路交通事故损害赔偿案件司法解释》第 3 条予以明确规定："以挂靠形式从事道路运输经营活动的机动车发生交通事故造成损害，属于该机动车一方责任，当事人请求由挂靠人和被挂靠人承担连带责任的，人民法院应予支持。"

根据上述相关规定，为保障事故受害者获得赔偿的权利，挂靠车辆肇事引发的道路交通事故损害，受害人可以要求挂靠人一方及被挂靠单位一方共同对自己遭受的损失承担连带赔偿责任。也就是说，受害人既可以要求实际肇事方承担全部赔偿责任，也可以要求肇事车辆的挂靠单位承担全部赔偿责任，还可以要求实际肇事方与被挂靠单位共同承担赔偿责任。

需要提醒的是，挂靠人一方往往是个体工商户等赔偿能力较弱的人，受害者在多数情况下往往会从更有赔偿能力的被挂靠单位一方寻求事故的损害赔偿，被挂靠单位在对事故受害人进行赔偿后，再向挂靠人追偿时，可能会因为挂靠人较差的赔偿能力，导致追偿的困难。因此，被挂靠单位虽有特定的经营资质且可以从挂靠关系中收取一定的挂靠费用，但也要对车辆挂靠可能导致的连带责任保持高度警惕。

40. 分期付款方式购置的机动车发生交通事故，赔偿责任由谁承担？

情景再现

老王通过分期付款的方式购买了一辆小货车，从事搬家工作。周一一大早，老王开车帮客人搬家具，行驶到某交通繁忙的十字路口，不慎撞伤了骑自行车上学的高三学生张小明。由于车速较快，张小明被撞成重伤，送医院抢救后近1个月才出院。本次事故共计给张小明造成了20余万元的财产损失。

出院后，张小明找到老王，要求老王赔偿自己在事故中的全部损失，老王却辩称自己不是肇事机动车的所有权人，当初在购车时，在交完第一笔首付款后，4S店虽然将小货车交给自己使用，但并未为自己办理所有权转移登记，该肇事车辆的所有权仍然登记在4S店所属的汽车销售公司名下，自己并不是肇事车辆的主人，汽车销售公司才是肇事车辆的主人，张小明应该找汽车销售公司索要赔偿。

无奈之下，索赔未果的受害人张小明只好将老王告上法庭，要求老王赔偿自己在事故中遭受的损失。

法律分析

在上述案例中，老王通过分期付款的方式购买了肇事车辆，虽然因为购车款项尚未全部付清，导致老王未取得肇事车辆的所有权，该车辆的所有权仍然由汽车销售公司保留，但在事故发生时，实际驾驶车辆的人是老王，汽车销售公司在这起事故的发生中不存在任何过错，也与事故的发生没有任何因果关系，对于这种因购买人分期付款导致出卖人保留车辆所有权，车辆肇事导致交通事故损害的情形，相关司法解释对损害赔偿责任的承担作出了清晰的界定。

最高人民法院在《关于购买人使用分期付款购买的车辆从事运输因交通事故造成他人财产损失保留车辆所有权的出卖方不应承担民事责任的批复》中明确答复："采取分期付款方式购车，出卖方在购买方付清全部车款前保留所有权的，购买方以自己名义与他人订立货物运输合同并使用该车运输时，因交通事故造成他人财产损失的，出卖方不承担责任。"由此可见，老王以自己对肇事车辆不享有车辆所有权为理由拒不履行对受害人赔偿义务的行为是毫无道理的。汽车销售公司虽在老王未付清所有购车款前保留了肇事车辆的所有权，但对交通事故的发生不存在任何因果关系，因此不应承担赔偿责任。而老王作为肇事司机，应当对给受害人造成的各类损失在保险赔付范围外承担相应的赔偿责任。

41. 盗抢机动车肇事，车主有无责任？

情景再现

小王刚刚搬进新家，最近一直都在忙活着购置各种家电。趁着周六不上班，小王骑着自己的电动车去附近的家电百货购买饮水机。一向行事风风火火的小王离开家后大半天还没回来，家人着急地出门寻找，但不幸地发现小王在离家电百货不远的一个十字路口发生了交通事故，被一辆闯红灯的小汽车撞成了重伤，小汽车的司机肇事后迅速逃离了现场。小王被送往医院后，由于一直未找到肇事司机，花费的高额医药费一直由小王的家庭自行支付。

警察经过调查后发现，肇事的机动车是一辆失窃车辆，车主小李在事故发生前一个礼拜就已经发现自己停在小区内的车辆被盗窃并报警。

在确定了肇事车辆的实际车主后，小王一家认为既然肇事车辆是购买了交强险的，并且车主小李也有经济能力来赔偿小王住院期间和恢复健康的所有损失，在找不到肇事者的情况下，理应由车主小李来承担事故的所有赔偿责任。被上门索赔的车主小李认为自己很冤枉，开车肇事的人不是自己，并且自己的车被盗窃，自己与小王一样都是受害者，无论如何也不应当由自己来承担事故的赔偿责任。事故的受害人小王与失窃车辆的车主小李就事故赔偿责任的承担问题发生了巨大的争议。

法律分析

《民法典》第1215条规定："盗窃、抢劫或者抢夺的机动车发生交通事故造成损害的，由盗窃人、抢劫人或者抢夺人承担赔偿责任。盗窃人、抢劫人或者抢夺人与机动车使用人并非同一人，发生交通事故造成损害，属于该机动车一方责任的，由盗窃人、抢劫人或者抢夺人与机动车使用人承担连带责任……"上述案例中，车主小李的机动车被他人盗窃后积极报警处理，盗窃人驾驶小李的车辆违反交通规则导致小王被撞成重伤，机动车一方在事故中承担全部事故责任。根据上述规定，被盗窃的车辆发生交通事故造成他人损害的，应当由盗窃人承担赔偿责任。上述案例中的肇事车辆购买了交强险，因此小王可以请求保险公司在机动车强制保险责任限额范围内垫付抢救费用，这一部分费用的赔偿主张是可以在保险公司那里得到实现的，保险公司对受害者小王进行赔付后，可以向实际的肇事者即盗窃机动车的人进行全额索赔。在机动车强制保险责任限额范围之外的损失，根据最高人民法院在《关于被盗机动车辆肇事后谁承担损害赔偿责任问题的批复》中的明确答复："使用盗窃的机动车辆肇事，造成被害人物质损失的，肇事人应当依法承担损害赔偿责任，被盗机动车辆的所有人不承担损害赔偿责任"，车主小李同样作为受害者而不是实际的肇事人，无需承担事故的赔偿责任。

42. 偷开他人机动车造成交通事故后，赔偿责任由谁承担？

未经机动车所有人的同意，擅自偷开他人的机动车是机动车的实际驾驶人与机动车所有人不一致的一种情形。偷开他人机动车肇事引起归属于机动车一方责任的交通事故时，根据《民法典》第1209条之规定，因租赁、借用等情形机动车所有人与使用人不是同一人时，发生交通事故后属于该机动车一方责任的，由保险公司在机动车强制保险责任限额范围内予以赔偿；不足部分，由机动车使用人承担赔偿责任；机动车所有人、管理人对损害的发生有过错的，承担相应的赔偿责任。

在未经机动车所有人同意的情况下，擅自驾驶他人的机动车为驾驶人自己所用，这种情况下机动车所有人既没有从机动车的使用行为中获得益处，相反还是财产被盗用的受害者，故当擅自驾驶人肇事引发交通事故时，机动车所有人既没有过错，也没有从中获益，因此交通事故的赔偿责任不应当由机动车的所有人承担，而应当由实际驾驶人即偷开机动车的人来承担赔偿责任。

需要注意的是，尽管机动车所有人并非自愿借用或出租自己的机动车给实际驾驶人使用，但是机动车所有人也应当对自己的机动车尽到相应的保管义务和注意义务。司法实践中发生过因车主下车未熄火、未锁闭车门，随意停在小区路边，邻居偷开机动车外出肇事，造成人员伤亡和财产损失，法院认定车主未尽到应有的保管义务和注意义务，对事故的发生存在过错，因而判定车主承担一定比例赔偿责任的案例。在这里我们提醒机动车所有人注意妥善保管自己的机动车，避免被他人“钻空子”，给自己造成不必要的损失。

43. 机动车交易后但未办理过户登记时造成交通事故，赔偿责任由谁承担？

情景再现

小吴买了新车后决定把自己开了3年的旧车卖掉，经朋友介绍后，小吴与欲买一辆二手车的小孙达成了一份《车辆转让协议》，小吴和小孙均在协议上签了字。协议签署后，小孙按照协议的约定向小吴支付了10万元购车款，收到小孙的购车款后，小吴将车辆交付给小孙，并约定月底前和小孙一起办理车辆的所有权转移登记。

还未等到月底两人一起去办理登记手续，小孙就在驾车回家的途中不慎撞伤了正常骑自行车过马路的小赵，导致小赵重伤住院，此次事故共计造成小赵人身及财产损失20余万元，其中交强险责任限额范围内可赔付10万元。经交警认定，事故责任全部由机动车一方承担。

出院后，小赵找到小孙要求小孙赔偿自己的全部损失，但小孙辩称自己不是车主，车辆虽由自己驾驶但还未办理过户手续，听闻此事的小吴也表示自己不应当承担赔偿责任，拒绝对小赵进行赔偿。索赔未果的小赵只得将两人一起告到法院。

法律分析

小吴将机动车转让给小孙后，双方已经完成买卖手续，从法律关系上来看，《车辆转让协议》履行完毕以后，车辆的所有权及使用权已经由小孙取得，但是小吴与小孙未及时办理过户登记手续，这就造成了机动车登记的车主与实际的所有权人不一致的情形。事实上，在车辆转让已经完成交付但未办理所有权转让登记手续前发生交通事故，相关法律已经对事故责任的承担作出了明确的划分和界定。《民法典》第1210条规定：“当事人之间已经以买卖或者其他方式转让并交付机动车但是未办理登记，发生交通事故造成损害，属于该机动车一方责任的，由受让人承担赔偿责任。”

由此可见，小吴与小孙已经共同签署了《车辆转让协议》并完成了机动车的交付，根据《民法典》的规定，虽然两人未办理所有权转移登记，但发生了由该机动车一方承担全部责任的事故时，首先由交强险在保险责任限额范围内承担赔偿责任，即先由交强险保险公司对小赵承担10万元的赔偿责任，剩余损失由受让人小孙对小赵承担赔偿责任，小吴无需承担赔偿责任。

44. 无偿搭乘公共交通的乘客发生交通事故伤亡，谁负赔偿责任？

情景再现

老李退休在家多年，由于老李的老伴儿早年病逝，他感到一个人在家居住太过孤单，因此每天一早都要搭乘经过家门口的16路公交车去市民广场和其他的老年人一起打太极。周一一早，老李照常出发，通过刷自己的老年爱心卡，免费搭乘了家门口的16路公交车前往市民广场。公交车在行驶至市民广场前一个十字路口时与一辆小轿车相撞，车上的老李在事故碰撞中受了重伤，被送到医院以后虽有保险公司垫付了医药费用，但仍有部分损失未得到赔偿。

出院后老李找到16路公交车所属的公交公司要求赔偿，但公交公司以老李没有付车费，是免费搭乘的为由，拒绝向老李赔偿。无奈之下，老李只好委托律师一纸诉状将公交公司告上法庭，要求公交公司赔偿自己在事故中的损失。

法律分析

上述案例中，老李是享受老年人关爱政策免费乘坐的公交车，与有偿搭乘的乘客同承运方形成的运输合同不同，老李没有向承运方支付车费，公交公司也是基于这个理由拒绝向老李进行赔偿。事实上，对于类似老李遭遇的交通事故损害的赔偿问题，《民法典》第823条已经作出了明确的规定："承运人应当对运输过程中旅客的伤亡承担损害赔偿责任，但伤亡是旅客自身健康原因造成的或者承运人证明伤亡是旅客故意、重大过失造成的除外。前款规定适用于按照规定免票、持优待票或者经承运人许可搭乘的无票旅客。"

根据《民法典》第823条规定可知，类似老李这类按照规定享受免票政策的老人、儿童或持优待票的军人，以及经过司机或公交公司同意后免费搭乘的无票旅客，在搭乘运输车辆的过程中，如果因为交通事故受到了损害，除因旅客本人故意、重大过失或自身疾病引起的伤亡，车辆的承运人也应当像对待持票旅客一样，对车上免票、持优待票或被许可免费搭乘的旅客履行损害赔偿责任。

45.“搭便车”发生交通事故，遭受的损害由谁承担？

助人为乐一直是中华民族的传统美德，因此，“搭便车”的情形在我们的日常生活中非常常见，有车一族往往会出于好意不收费用地开车接送亲朋好友。“搭便车”在提高交通资源利用率、缓解交通压力等方面体现出了极大的优越性，但是也带来了一些隐忧：“搭便车”搭出了交通事故，遭受了意外的事故伤害。这样的情况下，司机是否需要承担对免费搭乘人的赔偿责任，如要承担责任又该承担多少责任，这些问题都需要进一步厘清。

与一般的有偿搭乘的行为不同，“搭便车”属于“好意同乘”，即车辆驾驶人出于好意免费让他人搭乘自己的车辆，不是为了追求经济利益，只是一种情谊行为，因此车主与无偿搭乘人之间不存在运输合同关系，车辆肇事给无偿搭乘人造成的损害不属于车主违约，因而搭乘人无法主张车主的违约责任，只能主张车主的肇事行为侵害了自己的权利，寻求侵权损害的赔偿。

虽然目前我国法律尚未有专门的法律条款明确对“搭便车”

的情形下发生搭乘人损害该如何确定赔偿责任作出规定，但是可以肯定的是侵害公民身体造成伤害的，应当承担责任。驾驶者虽出于情谊未收取车费，但其不当的驾驶行为确实对同乘者造成了伤害，应当对好意同乘者承担侵权损害的赔偿责任。在我国的司法实践中，类似“好意同乘”的交通事故纠纷，法院大多判令车辆驾驶人承担对同乘者的损害赔偿责任。结合事故的具体情况，如果搭乘者对事故的发生也有过错的，如明知驾驶人酒后驾驶仍要搭乘，或未劝阻驾驶人疲劳驾驶等，会相应减轻驾驶人对同乘人的损害赔偿责任。另外，由于驾驶人无偿的情谊行为中体现着助人为乐的公序良俗，且搭乘人也应当清楚免费搭乘可能面临着一定的交通风险，因此在搭乘者无过错的情况下，司法实践中仍然可以酌情减轻驾驶人的损害赔偿责任。

46. 帮工人在帮工中发生车祸，赔偿责任由谁承担？

情景再现

李某是村里有名的热心人，平时经常驾驶自家的小货车帮助有需要的乡亲搬家和拉货。村民赵某家刚刚盖好了一栋新房，只等着添一些新家具，就可以作为赵某娶媳妇的新房。因购置的新家具需要从城里的家具店运送回来，赵某就找到邻居李某帮忙，希望李某驾驶小货车将自己订购的家具运回。李某爽快地答应了赵某的请求，并表示不收取运费，无偿帮助邻居赵某运送家具。

周六一大早，李某就驾驶自家的小货车前往城里帮赵某提货，行驶至城郊某十字路口时，李某驾驶的小货车被对向驶来的老王驾驶的大货车迎面撞上，车祸导致李某重伤入院，小货车也被撞坏。

经承办交警对事故的认定，老王在事故中存在重大过失，对事故的发生负全部责任，李某在事故中不承担责任。此次事故给李某造成了25万元的经济损失，李某出院后多次向老王讨要事故赔偿，但老王家境贫寒，表示无法支付20多万元的赔偿款。无奈之下，李某只好委托律师将老王及邻居赵某告上法庭，要求老王和赵某对自己在车祸中的损失承担赔偿责任。

法律分析

李某是在驾车前往家具店帮助邻居赵某拉货的途中被老王驾驶的大货车撞伤的，李某为赵某运送家具的行为是无偿的，是一种帮工行为，李某是在帮工活动的过程中遭受的人身损害，根据《最高人民法院关于审理人身损害赔偿案件适用法律若干问题的解释》（以下简称《人身损害赔偿司法解释》）第14条的规定："帮工人因帮工活动遭受人身损害的，被帮工人应当承担赔偿责任。被帮工人明确拒绝帮工的，不承担赔偿责任；但可以在受益范围内予以适当补偿。帮工人因第三人侵权遭受人身损害的，由第三人承担赔偿责任。第三人不能确定或者没有赔偿能力的，可以由被帮工人予以适当补偿。”李某作为帮工人，由于第三人老王的侵权行为导致的交通事故遭受了严重的人身损害，理应由肇事人老王对李某承担事故损失的赔偿责任。但如果老王确实家境贫寒，无力对李某履行全部赔偿责任，为保障受害人李某的权利得到充分的实现，也可以由作为被帮工人的赵某对李某的事故损失进行适当的补偿。

47. 无偿代驾发生道路交通事故，赔偿责任由谁承担？

情景再现

周五下班后，刘先生驾车前往郊区的农庄参加高中同学聚会。聚会上，刘先生与同学们开心地畅谈，饮用了大量红酒。聚会上刘先生的同学李先生未饮酒，因此聚会结束时，刘先生请李先生帮忙驾驶自己的小汽车送自己和顺路的两位同学一起回家，李先生当即表示同意并驾驶刘先生的小汽车搭载顺路的同事疾驰回城。

由于夜间道路上车辆较少，李先生放松警惕，边开车边回复妻子的微信。在行驶至城区某十字路口时，李先生因行车时使用手机未注意人行道上的路况，撞上了正常过马路的行人小张。

小张在这起交通事故中受了重伤，遂委托律师将刘先生及李先生告上法庭，要求刘先生及李先生对交通事故中的损失承担连带责任。

法律分析

刘先生饮酒后请李先生帮忙代驾，李先生并未从刘先生处获得任何报酬，他出于好意的代驾行为在法律上属于“帮工”。在这起交通事故中，李先生只是一个“帮工人”。《人身损害赔偿司法解释》第13条规定：“为他人无偿提供劳务的帮工人，在从事帮工活动中致人损害的，被帮工人应当承担赔偿责任。被帮工人明确拒绝帮工的，不承担赔偿责任。帮工人存在故意或者重大过失，赔偿权利人请求帮工人和被帮工人承担连带责任的，人民法院应予支持。”

因此，李先生无偿代驾发生道路交通事故进而造成行人小张重伤，“被帮工人”即车主刘先生系主动要求李先生帮忙而未明确拒绝，应当在“交强险”责任范围以外的部分，对被害人小张承担损害赔偿责任。但李先生在驾驶小汽车的过程中未严格遵守交通规则，在行车的过程中使用手机，对该起道路交通事故的发生存在重大的过失，因此依据《人身损害赔偿司法解释》的规定，律师请求法院判决李先生与刘先生对事故损失承担连带赔偿责任是有法律依据的，可以得到法院的支持。

48. 有偿代驾发生道路交通事故，赔偿责任由谁承担？

情景再现

公司年会上，作为部门领导的刘先生因为高兴喝了不少酒。年会结束后，饮酒过多的刘先生表示不能酒后驾车，这时准备下班回家的酒店服务生张某表示自己有驾照会开车，可以为刘先生提供代驾服务，并向刘先生收取了120元的代驾费用。

由于夜间道路上车辆较少，张某放松警惕，未注意人行道上的路况，撞上了正常过马路的行人小王，导致小王小腿骨折住进了医院。

根据现场交警的判定，此次交通事故的责任全部由小汽车方承担，行人小王不承担事故责任。出院后，小王多次找到当时驾车撞伤自己的张某要求赔偿，但均遭到拒绝，张某辩称撞伤小王的是刘先生的小汽车，应该由刘先生赔偿小王的损失。无奈之下，小王只好委托律师将张某告上法庭，要求张某赔偿自己在事故中的损失。

法律分析

张某为刘先生提供的代驾服务是有偿的代驾服务，与无偿的帮工行为不同，刘先生与张某之间形成了一种承揽关系。所谓承揽关系，是指承揽人（案例中的张某即是承揽人）按照定作人（案例中的刘先生是定作人）的要求完成一定的工作并交付工作成果，定作人接受工作成果并给付承揽人一定报酬的法律关系。承揽关系是一种典型的基于完成工作而形成的法律关系。

根据《人身损害赔偿司法解释》第10条之规定："承揽人在完成工作过程中对第三人造成损害或者造成自身损害的，定作人不承担赔偿责任。但定作人对定作、指示或者选任有过失的，应当承担相应的赔偿责任。"张某作为承揽人，在为定作人刘先生提供有偿服务的过程中发生交通事故，造成了第三人小王的人身及财产损失，且定作人刘先生对交通事故的发生不存在任何过失；因此，刘先生不需要对小王的损失承担赔偿责任，而张某则要对受害人小王的损失独立承担损害赔偿责任。

49. 代驾公司员工提供代驾服务时发生道路交通事故，赔偿责任由谁承担？

情景再现

胡先生驾车前往亲戚家拜年，在亲友聚餐中饮酒过多的他电话联系了"鹏程代驾"，代驾公司指派员工张某为胡先生提供代驾服务，并向胡先生收取了200元的代驾费用。春节期间道路上车辆较多，加之张某存在疲劳驾驶的情况，在行驶至城区某十字路口时，张某因行车时未注意人行道上的路况，撞上了正常过马路的行人陈浩，导致陈浩小腿骨折住进了医院。根据现场交警的判定，此次交通事故的责任全部由小汽车方承担，陈浩不承担事故责任。

出院后，陈浩多次找到张某及代驾公司要求赔偿，但均遭到拒绝，张某辩称撞伤陈浩的是胡先生的小汽车，应该由胡先生赔偿陈浩的损失，代驾公司也对陈浩闭门不见。

无奈之下，陈浩只好委托律师将张某和“鹏程代驾”公司告上法庭，要求张某和“鹏程代驾”公司承担连带责任，赔偿自己在事故中的损失。

法律分析

“鹏程代驾”的员工张某为胡先生提供的是有偿的代驾服务，与无偿的帮工行为不同，胡先生与张某之间形成了承揽关系。因此，事故的赔偿责任应当由承揽方承担，但张某是履行正常的职务行为，受鹏程公司的指派为胡先生进行代驾，张某与“鹏程代驾”之间还存在着雇佣关系，鹏程公司是雇主，张某是雇员。根据《人身损害赔偿司法解释》第9条第1款之规定：“雇员在从事雇佣活动中致人损害的，雇主应当承担赔偿责任……”因此，“鹏程代驾”作为雇主，理应对小王在交通事故中遭受的损失承担赔偿责任。

但需要注意的是，《人身损害赔偿司法解释》第9条第1款同时规定了雇员承担连带责任的情形：“……雇员因故意或者重大过失致人损害的，应当与雇主承担连带赔偿责任。雇主承担连带赔偿责任的，可以向雇员追偿。”雇员张某在提供代驾服务的过程中疲劳驾驶，对交通事故的发生存在重大过失，应当与雇主鹏程公司承担连带赔偿责任，因此陈浩律师的诉讼请求是合理的。在鹏程公司与张某承担连带责任的情况下，如果最终由鹏程公司对受害者陈浩履行了赔偿义务，可以向其雇员张某追偿。

50. 学员在驾校出事故，赔偿由谁负责？

情景再现

小明趁着大学放暑假期间，到学校附近的驾校报名学车。在练习科目三的过程中，驾校教练李某驾驶教练车带着小明到附近一条车流量较少的马路上练习，小明在练车的过程中不慎将站在路边的行人小海撞伤，给小海造成了人身及财产损失共计5万元整，经交警对事故作出认定，该起交通事故中行人小海没有过错，全部事故责任由机动车一方承担。小海出院后找到小明及驾校教练李某索赔，但是小明和李某互相推诿。小明认为自己是学员，是教练带自己去道路上练车的，不应该由自己承担责任；而教练李某则认为开车撞人的是学员小明，不是自己撞的人，和自己没关系，小海不应该找他赔偿。无奈之下，小海只能将小明、李某和驾校都告上了法庭，要求他们对自己在事故中的损失承担赔偿责任。

法律分析

关于学员在参加驾校的培训过程中发生交通事故造成他人人身及财产损害的，《道路交通安全法实施条例》第20条第2款对事故责任的承担作出了规定：“……学员在学习驾驶中有道路交通安全违法行为或者造成交通事故的，由教练员承担责任。”驾校教练员对学员学车和练车的过程必须尽到相应注意义务，保障学员在学车过程中的人身安全和驾驶安全。因此，根据《道路交通安全法实施条例》的规定，当学员在学习驾驶的过程中发生违反道路交通法律法规或造成交通事故时，应当由履行教学义务的教练员承担责任。

但是教练员在正常履行职务、开展教学活动时，是以驾校雇员的身份开展活动的，根据《人身损害赔偿解释》第9条第1款之规定：“雇员在从事雇佣活动中致人损害的，雇主应当承担赔偿责任……”因此，教练李某教授小明驾驶技术是履行职务行为，履行职务行为时所产生的人身损害赔偿责任应当由雇主即驾校承担。如果教练对事故的发生确实存在故意或重大过失的，驾校承担相应的赔偿责任后，可以向有过错的教练追偿。

综上所述，驾校学员在接受驾驶培训时如若造成道路交通事故的，除非是学员故意而为，否则原则上由教练员承担事故的赔偿责任，因此教练员在进行教学活动时，应当对学员的学习过程尽到应有的注意义务。

51. 因开关车门造成交通事故，赔偿责任由谁承担？

日常生活中存在许多因为机动车车上人员未注意机动车周边情况，随意打开车门导致交通事故的情形。例如出租车在路边靠边停车，乘客下车时未注意后方交通状况导致开车门时与后方车辆或行人发生碰撞的情况。

《道路交通安全法实施条例》第63条第4项规定，车辆停稳前不得开车门和上下人员，开关车门不得妨碍其他车辆和行人通行。根据实施条例的规定，开关车门和上下人员都必须在车辆停稳及不妨碍其他车辆和行人通行的情况下进行，由此可见车上人员包括司机和乘客都必须在开关车门及上下车的过程中保持谨慎，履行一定的注意义务。

如果车辆在还未停稳或违规停车的过程中，车上人员打开车门造成后方或对向来车或行人碰触导致交通事故的，由于事故的发生完全是由于违规打开车门造成的，因此车上司机与开车门的乘客将承担全部的事故责任并履行相应的赔偿义务。

此外，对于营运机动车，司机在停车上下乘客的过程中必须对乘客尽到一定的提醒义务，按交通规则的规定在指定地点停车并提醒乘客注意后方来车或周边行人。如果营运车辆的司机未对乘客尽到提醒义务，将要承担事故的主要责任。

必须提醒的是，无论是司机还是乘客，在机动车通行过程中，不仅要在驾驶时保持警惕，在停车上下人员的过程中也应当充分尽到注意义务，遵守交通规则，在符合交通规则的指定地点靠边停车，尽量从行车方向的右手边打开车门上下乘客，在开车门前应当注意观察车门一侧的交通状况，避免因开车门上下人员导致意外的事故。

52. 在道路之外的地方发生交通事故，怎样确定赔偿责任？

根据《道路交通安全法》第119条第1项规定，“道路”是指公路、城市道路和虽在单位管辖范围但允许社会机动车通行的地方，包括广场、公共停车场等用于公众通行的场所。与此相对，在法定概念的“道路”之外的地方发生的因车辆行驶引起的事故并不属于法律意义上的道路交通事故，而是属于非道路交通事故的范畴。

在日常生活中，有许多发生于非道路范围内的因车辆行驶引起的事故，例如聚居的家属院内、封闭的校园内、封闭的小区内、自家的院落内等非法律概念的道路上发生的机动车与机动车或机动车与行人等的碰撞事故。那么，发生于非道路范围内的事故由于不符合法律对“道路交通事故”的定义，是否就陷入“无法可依”的状态呢？答案是否定的。

依据《道路交通安全法》第 77 条之规定，车辆在道路以外通行时发生的事故，公安机关交通管理部门接到报案的，参照本法有关规定办理。《道路交通安全法实施条例》第 97 条也规定，车辆在道路以外发生交通事故，公安机关交通管理部门接到报案的，参照道路交通安全法和本条例的规定处理。

由此可知，在道路之外的地方因车辆行驶导致的交通事故，如事故当事人无法就事故的处埋达成一致意见的，可以向公安机关交通管理部门报案，公安机关交通管理部门在接到报案后，应当参照道路交通事故处理的法律依据对发生于道路之外的交通事故进行事故认定。

道路之外发生的交通事故人身损害赔偿与道路交通事故的人身损害赔偿的程序要求大体相同。其中较为明显的区别在于，道路交通事故发生后，公安机关交通管理部门出具的是《道路交通事故认定书》，而道路外交通事故发生后，公安机关交通管理部门出具的事故说明材料一般为《非道路交通事故认定书》或《非道路交通事故分析意见书》《非道路交通事故通知书》等。

53. 雇员在工作中因交通事故导致伤亡，雇主是否承担赔偿责任？

情景再现

小白是飞跃运输公司的一名员工，平时的工作是负责为公司驾驶小货车配送货物。某个工作日，小白按照领导的要求，驾驶公司的厢式小货车运输一批家具到A城。行驶途中，在一车流量较大的十字路口，小白驾驶的小货车与违章掉头的一辆外地大货车发生碰撞，事故造成小白受伤住院。经办案交警认定，该起交通事故是大货车违章行驶导致，因此由大货车一方承担事故的全部责任。

小白伤愈出院后，考虑到大货车的车主是外省人，诉讼不便，于是委托律师将自己的雇主飞跃公司告上法庭，要求飞跃公司对自己在事故中遭受的损失承担赔偿责任。小白的诉讼请求得到了法院的支持。在向小白履行了赔偿义务后，飞跃公司立即向大货车所在地的人民法院提起诉讼，向大货车车主追偿损失。

法律分析

上述案例中，小白作为飞跃运输公司的雇员，在从事雇佣活动、履行工作职责的过程中被大货车撞伤，遭受了人身损害；根据《人身损害赔偿司法解释》第11条第1款之规定，雇员在从事雇佣活动中遭受人身损害，雇主应当承担赔偿责任。雇佣关系以外的第三人造成雇员人身损害的，赔偿权利人可以请求第三人承担赔偿责任，也可以请求雇主承担赔偿责任。因此，小白出于方便诉讼的考虑，选择将雇主飞跃运输公司作为被告起诉要求赔偿事故损失，是有法律依据的。飞跃运输公司作为小白的雇主，应当对小白在雇佣活动中遭受的人身损害承担赔偿责任，因此法院支持了小白的诉讼请求。

同时，《人身损害赔偿司法解释》第11条第1款还规定，雇主承担赔偿责任后，可以向第三人追偿。由于小白遭受的人身损害完全是由于雇佣关系以外的第三人——大货车一方造成的，因此当飞跃运输公司对小白履行了赔偿义务后，再向大货车车主追偿损失的诉求也得到了法院的支持。

54. 雇员在工作中肇事造成人员伤亡，雇主是否对外承担赔偿责任?

日常生活中存在许多雇员在履行工作职责的过程中肇事引起交通事故，导致他人伤亡和遭受损害的情形，例如受雇于出租汽车公司的司机在接送乘客的行程中肇事，或受雇于货运公司的大货车司机在高速公路上疲劳驾驶导致严重追尾事故等，这些雇员的肇事行为都发生于他们履行工作任务的过程中。那么，当雇员在履职过程中肇事造成他人伤亡或给他人造成损失的情况下，雇主是否有责任对雇员的肇事行为承担赔偿责任呢?

根据《人身损害赔偿司法解释》第9条第1款之规定，雇员在从事雇佣活动中致人损害的，雇主应当承担赔偿责任。由此可知，雇员在正常履行工作任务的过程中肇事导致他人损害的，雇主有义务对该事故给受害人造成的损失承担损害赔偿责任。

虽然雇主有义务对雇员的侵权行为承担赔偿义务，但并不意味着雇员在履行工作职责中造成的任何事故都完全由雇主承担责任。《人身损害赔偿司法解释》第9条第1款同时还规定了雇员需要对事故损害承担连带赔偿责任的情形：“……

雇员因故意或者重大过失致人损害的，应当与雇主承担连带赔偿责任。雇主承担连带赔偿责任的，可以向雇员追偿。”也就是说，虽然雇员在正常履职的情况下肇事，但如果雇员的肇事行为是由于故意或者重大过失造成的，那么雇员也应当与雇主一起对外承担连带的赔偿责任。通常情况下，由于雇主的赔偿能力强于雇员，事故中的受害者通常都会选择向雇主索赔，在此种情形下，雇主对受害者承担赔偿责任后，可以再向雇员追偿。

55. 雇员“公车私用”肇事引发交通事故，赔偿责任由谁承担？

所谓雇员“公车私用”的行为是指雇员驾驶雇主的车辆并非履行工作任务而是为了个人目的进行使用的情形，例如出租汽车公司雇用的驾驶员驾驶公司的出租车去学校接送孩子，政府部门的公车驾驶员私自驾驶单位车辆接送自家亲戚等行为。

雇员在“公车私用”的过程中肇事引发道路交通事故，导致他人损失的，损害赔偿责任的承担主体应当区分情况来判定。首先，如果雇员“公车私用”的行为已经征得单位、公司相关领导或部门的同意，或是雇员已经告知雇主，雇主默认，这种情况下由于雇主的授意，雇员的行为相当于从事雇佣活动、履行职务的行为，发生道路交通事故后的赔偿责任主体应当是雇主。

其次，如果雇员没有告知雇主并取得雇主的同意即私自驾驶车辆从事与职务行为完全无关的活动并肇事致人损害的，此种情况下是纯粹的“公车私用”行为，即车辆的车主与车辆的实际驾驶人不一致的行为，由于雇主不知情也未同意，因此肇事后的损害赔偿责任由雇员自己承担。

如果雇员没有告知雇主并取得雇主的同意即私自驾驶车辆并肇事致人损害的，但雇员私自驾驶车辆是履行职务行为或从事与职务行为有内在联系的活动时，根据《人身损害赔偿司法解释》第 9 条第 2 款之规定，雇员的行为超出授权范围，但其表现形式是履行职务或者与履行职务有内在联系的，应当认定为“从事雇佣活动”。

由此条款的规定可知，无论雇主授权或同意与否，当雇员的驾驶行为超出雇主的授权，只要雇员驾驶车辆的目的是履行职务行为或与履行职务行为有内在联系，例如公司雇用的司机未经领导授意私自驾驶公车去机场接单位某员工的行为，即使没有经过相关领导的同意，驾驶车辆的司机也是履行接送公司员工的职务行为，在此种情况下肇事致人损害的赔偿责任仍应当由雇主承担。

56. 非法改装、报废车辆私下转让后，发生交通事故时由谁承担赔偿责任？

情景再现

喜爱机车的王鹏去年9月经人介绍从老马手中购买了一辆非法改装过并且已经达到报废期限的重型摩托车，王鹏很喜欢这辆摩托车，经常骑车外出。某日王鹏骑摩托车经过小区门口的人行横道时未遵守交通规则，撞上了正常过马路的行人李小明并导致李小明受伤住院。由于王鹏驾驶的摩托车未按规定登记上牌，也没有购买保险，因此李小明住院期间的医药费未能获得保险赔偿。

出院后，气愤的李小明将王鹏告上法院，要求王鹏赔偿自己在事故中遭受的损失，同时诉请法院判令出售摩托车给王鹏的老马对损害赔偿承担连带责任。

法院在审理的过程中查明，摩托车是老马从阿金的手中购入的，而阿金将摩托车转让给老马时，就已经达到了报废标准。

法律分析

达到报废标准或私下非法改装的车辆按照规定是不允许上

路行驶的，也不允许转让。对于驾驶人受让报废或非法改装的车辆后肇事并造成他人损害的赔偿责任承担问题，《道路交通事故损害赔偿案件司法解释》第6条明确规定："拼装车、已达到报废标准的机动车或者依法禁止行驶的其他机动车被多次转让，并发生交通事故造成损害，当事人请求由所有的转让人和受让人承担连带责任的，人民法院应予支持。"

上述案例中，王鹏驾驶的肇事摩托车既存在非法改装的情形，转让时也已经达到了报废期限，属于法律规定的不能上路行驶的危险车辆。王鹏未按规定给机动车购买保险并且不按交通规则驾驶导致了对行人李小明的伤害，应当对李小明的损害后果承担损害赔偿责任。而老马和阿金转让肇事摩托车给买受人时，车辆均已经达到报废标准，老马还非法改装了摩托车，根据《道路交通事故损害赔偿案件司法解释》第6条的规定，受害人李小明向法院主张由老马对车祸损失承担连带赔偿责任的诉讼请求是完全合法合理的。此案例中李小明未要求阿金承担连带责任，法院无异议。但若李小明同时主张所有的转让人即老马和阿金共同承担连带赔偿责任，法院也应当支持。

57. 有偿搭乘的乘客伤亡，谁负赔偿责任？

有偿搭乘是指生活中常见的搭乘公交车、各类客运中巴车、大巴车及乘坐出租小汽车等机动车的情形。这一类型的搭乘活动都是乘客向承运人支付了一定的车票价格的，属于有偿搭乘。

乘客有偿搭乘承运车辆，是与承运车辆的所有人订立了运输合同，乘客与运输车辆的所有人之间形成了合同关系，按照《民法典》第811条的规定，承运人应当在约定期间或者合理期间内将旅客、货物安全运输到约定地点，因此承运人有义务在收取了乘客的车票以后按照指定路线安全地将乘客送到指定目的地，完成运输合同的义务。

如果承运人在驾驶过程中发生交通事故，造成车上乘客受伤或死亡的，则属于未按合同约定履行合同义务的行为，是对乘客的违约，应当对乘客在事故中的伤亡承担违约责任，赔偿乘客在事故中遭受的损失。

《民法典》第823条第1款明确规定了客运承运人在交通事故中的赔偿责任，承运人应当对运输过程中旅客的伤亡承担赔偿责任；但是，伤亡是旅客自身健康原因造成的或者承运人证明伤亡是旅客故意、重大过失造成的除外。

由此可见，除了自身健康原因，如突发心脏病、脑出血等急性重疾造成运输车辆上的乘客伤亡，或是承运人能够提交有力的证据证明乘客在交通事故中的伤亡是由于乘客故意或重大过失，如乘客故意与司机扭打、抢夺方向盘造成交通事故等情形引起的；否则在其他一切情况下，无论交通事故是否由承运人肇事引起，无论承运人是否对事故承担责任，承运人都必须对购票乘车的乘客在运输过程中的伤亡承担损害赔偿责任。

58. 特种机动车发生交通事故，如何确定事故责任？

为保障社会稳定及安全，保护群众的生命和财产，警车、消防车、救护车、工程车等在道路上行驶的一些承担着社会保障职能的特殊车辆可以根据《道路交通安全法》的相关规定，享有一些特殊的优先通行或自主通行的权利。

《道路交通安全法》第 53 条第 1 款规定，警车、消防车、救护车、工程救险车执行紧急任务时，可以使用警报器、标志灯具；在确保安全的前提下，不受行驶路线、行驶方向、行驶速度和信号灯的限制，其他车辆和行人应当让行。第 54 条规定，道路养护车辆、工程作业车进行作业时，在不影响过往车辆通行的前提下，其行驶路线和方向不受交通标志、标线限制，过往车辆和人员应当注意避让。

虽然警车、消防车、救护车、各类道路工程车等具有法定的优先通行权利，但是这些优先权利是有前提条件的，特殊车辆必须是在执行紧急任务时才可以不受行驶限制并且获得其他车辆和行人的让行，而这些车辆执行紧急任务时也应当在车上放置警报器、点亮标志灯，对其他车辆和行人尽到提醒和警示的义务。

一般车辆如果在道路行驶的过程中遇上执行紧急任务的特种车辆，应当按规定让行。如果执行紧急任务的特种车辆已经按规定放置了警报器和标志灯，充分履行了注意义务，那么其他车辆在行驶中没有给特殊车辆减速让行导致交通事故的，应当由未按规定让行的车辆承担全部的事故责任。但如果特种车辆在执行紧急任务过程中未按规定放置警报器及标志灯，或者应当同时使用警报器和标志灯但只开启其中一个的，都是没有充分履行交通安全注意义务的表现，如果在利用优先通行权行驶的过程中与其他车辆发生交通事故的，也应当根据怠于履行注意义务的过错程度，分担一定比例的事故责任。

因此，特种车辆的优先通行权是一种有条件的优先权，它来自法律的授权，因而也要遵守法律对它的限制，严格履行应尽的义务。

59. 机动车送修期间发生交通事故，责任由谁承担？

情景再现

小刘在年初购置了一辆小汽车作为自己30岁的生日礼物，但是没曾想办完手续从4S店将爱车开出后没几天就在自家小区被邻居的电动车剐蹭，于是小刘只得将爱车送去汽车维修店进行喷漆维修。按照与维修店的约定，小刘将自己的车暂时停放在维修店内，准备3天后再来取车。祸不单行，汽车维修店学徒工小陆眼红小刘的新车，偷偷趁同事不注意，将小刘暂存在店内的小汽车开到滨海大道兜风。在兜风的过程中，小陆由于驾驶不慎撞上了一名骑电动车的女孩，造成女孩9级伤残，女孩遂将小陆和小刘都告上了法庭。

法律分析

不管是用于运营等商业功能的机动车还是家用小汽车，都会发生需要维修或保养的情况，机动车所有人通常会将自己的机动车送往汽车修理店或汽车美容店等汽车维修保养机构，由于保养尤其是维修需要较长的时间，因此大部分汽车维修及保养等，车主都会将车暂时留在维修机构，等待维修或保养完毕后再来提车。这种情况下，汽车维修保养机构就在车主暂存爱车的这段时间中成为车辆的管理人。在上述案例中，小刘暂存爱车的汽车维修店在发生交通事故时就是事实上的车辆管理人。

由于机动车管理人能够在实际上控制机动车的使用和驾驶，因此也就对机动车行驶的后果负有相应的责任。各省市各级司法机关先后出台过许多司法解释或指导案例，明确了机动车在维修期间发生交通事故的责任承担主体是机动车维修机构。

例如上述案例中，小陆偷开客户小刘的车辆上路造成交通事故，未经车辆所有人的允许。而维修店也没有对员工小陆尽到监督和管理义务，导致客户的车被私自开出，这都是维修店作为车辆管理人的疏忽和过失，因此在事故赔偿责任的承担对象上，车辆维修店理应作为交通事故损害赔偿的责任主体，履行对事故受害人的赔偿义务。

60. 事故受害人的遗腹子，是否有权主张被扶养人生活费？

情景再现

张某驾驶私家车下班回家的途中，在一个高架路口与一辆大巴车相撞，事故造成张某重伤，经医院抢救后不幸身亡。经公安机关交通管理部门认定，本起交通事故主要是由于大巴车司机在路口未减速慢行造成的，大巴车司机还存在着疲劳驾驶及超载的情况，因此判定大巴车承担全部的事故责任。

张某因事故死亡后两个月，他的新婚妻子产下了一名男婴。男婴出生后很健康，张某的妻子则以张某之子法定代理人的身份将大巴车运输公司告上法庭，要求大巴车运输公司支付张某之子的被扶养人生活费。

大巴车运输公司对张某妻子提出的这一诉讼请求表示异议，辩称在事故发生时，张某本人还没有需要扶养的子女，因此拒绝支付这个男婴的被扶养人生活费。

法律分析

在上述案例中，受害人张某的妻子与大巴车运输公司的争议焦点在于在事故中死亡的张某的遗腹子是否有权获得被扶养人生活费的赔偿。关于胎儿权利的保护问题，我国法律对胎儿权利采用“延伸保护”的理论，也就是将胎儿时期也视为自然人生命全周期的一个过程，有条件地给予胎儿一定的民事权利。

具体到交通事故损害赔偿的情况来看，因事故死亡的死者的遗腹子在符合条件的情况下，是有权获得被扶养人生活费的赔偿金的，但是获得赔偿的前提条件就是胎儿必须在出生时是存活的。因为当胎儿顺利出生并成为一个存活的婴儿后，就形成了一个需要被扶养的事实，而因为事故死亡的死者本应承担起对婴儿的扶养义务，因此造成死者死亡的事故责任人及赔偿义务人就有义务赔偿被扶养人生活费，以弥补受害人家属因此遭受的损失。由于婴儿暂时不具备民事行为能力，因此损害赔偿的请求权就由婴儿的法定监护人代为行使。

61. 事故受害者身份不明，由谁行使索赔权利？

因交通事故导致残疾或死亡是十分不幸的，但在一般的道路交通事故中，受害人或死亡受害人的家属可以通过法律手段争取事故赔偿，尽可能地降低交通事故给受害人及受害人家属带来的损害。但在某些特殊情况下，事故受害人的索赔权利面临难以行使的困境，比如现实生活中时有发生的“无名氏”被撞死或撞成残疾人的案例。

当事故受害人身份无法查清，而受害者本人因长期昏迷或死亡等客观原因无法自主行使索赔权利，也没有法定近亲属可以代为或自行对事故肇事者提起赔偿请求的时候，由于维权主体的缺位，导致类似的“无名氏”被撞案纠纷重重。

首先，需要明确的是，“无名氏”虽然难以确定其身份和社会关系，但是作为自然人依然享有与一般受害人一样的民事权利，因此撞伤或撞死“无名氏”的肇事人同样需要承担赔偿义务。如果事故发生后受害人被送往医院救治，随后被发现是无法确定身份的“无名氏”时，因就医治疗产生的医疗费、护理费等，或为安葬受害人花费的丧葬费等，治疗医院和垫付丧葬费的机构或个人是有权向事故的赔偿责任人及肇事车辆投保的交强险或商业保险公司提出赔偿请求的。

其次，由于现实生活中身份无法查明的“无名氏”受害人多为流浪人员，民政部门作为流浪人员的主管部门，虽然未经过法律明确授权，不能以民政部门作为主体提起赔偿诉讼，但是如果事故的赔偿责任人自愿向民政部门缴纳残疾赔偿金、死亡赔偿金等，民政部门也可以代为保管。同样地，公安机关交通管理部门如果收到赔偿责任人自愿缴纳的赔偿金时，也可以交由道路交通事故社会救助基金管理机构提存或由办案机关暂管。如发出“宣告失踪”后有亲属认领的，将遗物和赔偿金转交亲属，如经过公告期仍无法确定身份的，赔偿金和遗物就作上缴国库处理。

62. 事故侵权人死亡的情况下，由谁承担对受害人的赔偿义务？

情景再现

李某驾驶一辆小型卡车前往市郊送货，在一个高架路口与一辆小汽车相撞，事故导致李某5级伤残，而小汽车司机王某重伤，在经医院抢救后不幸身亡。经公安机关交通管理部门认定，这起交通事故主要是由于小汽车司机王某在路口未减速慢行造成的，并且王某还存在着疲劳驾驶的情况，因此判定小汽车一方承担全部的事故责任。

得知自己在事故中被撞成5级伤残，李某决定起诉小汽车一方，要求人身损害赔偿，但是却发现事故的肇事者王某已经在事故中死亡，于是李某委托律师将王某的妻子告上法庭，要求王某的妻子对自己在事故中的损失进行赔偿。王某的妻子得知自己被告上法庭觉得十分冤枉，明明撞伤李某的不是自己却被要求赔偿损失，于是她明确表达了自己拒绝赔偿的意愿。

法律分析

一般情况下，交通事故都是谁肇事谁赔偿，但是在上述案例中，事故的侵权人王某已经在事故中死亡，无法作为赔偿责任人对事故受害人李某承担赔偿责任，因此李某只得将王某的妻子也就是王某遗产的第一顺位继承人告上法庭。案例中李某起诉死亡侵权人的遗产继承人要求人身损害赔偿的做法在我国法律中是有法可循、有据可依的。

其中《民法典》第1159条规定，分割遗产，应当清偿被继承人依法应当缴纳的税款和债务。因此，在上述案例中，侵权人王某虽然已经死亡，但是他的遗产继承人在继承遗产之前，必须缴纳王某生前应当缴纳的税款并清偿王某应当偿还的债务，王某应当偿还的债务之中就包括王某因自己的侵权行为给李某造成的损失，因此李某起诉王某之妻要求赔偿是合法合理的。

虽然《民法典》对继承人在继承遗产时设立了清缴税款和清偿债务的义务，但是同时也赋予了继承人选择是否行使继承权的权利。如果在上述案例中，王某的妻子选择继承亡夫的遗产，那么她就至少要以王某的全部遗产价值为限，承担对李某的损害赔偿责任；如果王某的妻子选择放弃继承权，则她就可以拒绝履行对李某的赔偿义务。

虽然遗产继承人只要选择继承遗产在原则上就要以遗产的全部价值为限对死者应负的税款和债务承担责任，但是当死者应清缴的税务和债务大于死者的全部遗产，而死者的继承人又缺乏劳动能力且没有生活来源，那么即使遗产不足以清偿应缴税款和应负债务的，也应当适当为继承人保留基本生活所需后再对债权人进行赔偿。

在事故侵权人在事故中死亡的案件中，如果死亡侵权人的继承人决定行使继承权的，则应当作为损害赔偿之诉的被告参加诉讼，在继承人所继承的遗产范围内承担赔偿责任，如果侵权人死亡后没有继承人或其继承人明确表示放弃继承权的，则事故受害人可以死者遗产的财产管理人或遗产的最终所有人作为被告，要求财产管理人或最终所有人在所获的遗产范围内承担赔偿责任。

63. 机动车试乘人在试乘过程中因交通事故造成损害的，赔偿责任由谁承担？

情景再现

小杨即将迎来自己的20周岁生日，由于刚刚在暑假期间考取了机动车驾驶证，小杨的父母就打算为小杨选购一台小轿车作为生日礼物。

生日前的周末，小杨和父母一起前往奔腾汽车4S店选购新车，工作人员王鹏向小杨一家推荐了店内最新款的车辆并邀请小杨和其父母一起试乘新车。在王鹏驾驶着新款轿车载着小杨一家三口试乘过程中，由于经过路口未减速慢行及操作不当，导致试乘车辆撞上了路边的绿化隔离带，事故导致小杨和其父母均不同程度受伤。

小杨一家三口治疗出院后遂将奔腾汽车销售公司告上法庭，要求该公司赔偿三人在事故中的全部损失。

法律分析

小杨一家三口在汽车销售公司工作人员的邀请下，乘坐工作人员驾驶的试乘车辆发生交通事故，这是一起典型的机动车试乘人在试乘过程中因交通事故造成损害的案例。关于机动车试乘过程中发生的道路交通事故，根据《道路交通事故损害赔偿案件司法解释》第8条的规定，机动车试乘过程中发生交通事故造成试乘人损害，当事人请求提供试乘服务者承担赔偿责任的，人民法院应予支持。

在上述案例中，4S店的工作人员作为试乘服务的提供者，驾驶载有试乘者的机动车时未按交通规则行驶导致道路交通事故，依据《道路交通事故损害赔偿案件司法解释》第8条之规定，试乘者小杨一家当然有权将试乘服务提供者告上法庭要求赔偿。由于王鹏驾驶试驾车辆乃其工作任务，试驾车辆也是履行工作职责的行为，因此小杨一家要求王鹏的雇主奔腾汽车销售公司承担赔偿责任也是符合法律规定的。

此外，虽然《道路交通事故损害赔偿案件司法解释》规定了机动车试乘过程中发生交通事故造成试乘人损害的，应当由试驾服务提供者承担赔偿责任，但是如果试乘人对事故的发生也有过错的，例如由于试乘人干扰驾驶人正常驾驶导致交通事故的，法院也应当在案件审判中减轻提供试乘服务者的赔偿责任。

64. 因道路管理维护缺陷导致机动车发生交通事故造成损害的，赔偿责任由谁承担？

道路交通安全的维护和保障不仅仅需要依靠广大的机动车驾驶员、非机动车驾驶人和行人的配合，同时也需要道路管理者对道路的积极建设和养护。根据国务院颁布的《城市道路管理条例》，国务院建设行政主管部门主管全国城市道路管理工作。相应地，省、自治区、县级以上城市人民政府城市建设行政主管部门主管本行政区域内的城市道路管理工作。

人民政府城市建设行政主管部门对道路的管理主要体现在

对道路的统一规划、配套建设、日常养护和维修以及路政管理等几个方面。也就是说，建设和维护都是道路管理者的法定职责，如果有机动车因为行驶的道路管理维护缺陷导致车辆发生交通事故造成损害的，意味着道路管理者没有充分履行法定职责，对交通事故的发生存在过错。

根据《道路交通事故损害赔偿案件司法解释》第9条第1款的规定，因道路管理维护缺陷导致机动车发生交通事故造成损害，当事人请求道路管理者承担相应赔偿责任的，人民法院应予支持，但道路管理者能够证明已按照法律、法规、规章、国家标准、行业标准或者地方标准尽到安全防护、警示等管理维护义务的除外。

上述规定表明，由于管理道路、日常养护等是道路管理者的法定职责，因此当有机动车因为道路维护缺陷发生交通事故造成损害时，法律会对道路管理者实行过错推定原则，推定道路管理者的过错直接或间接导致交通事故的发生，因此判定道路管理者对因道路管理缺陷引发的交通事故承担与其过错相应的赔偿责任。但过错推定原则并不代表着道路管理者不能通过列举相关证据证明自己对于道路管理所作出的努力。根据司法解释，道路管理者能够证明已按照法律、法规、规章、国家标准、行业标准或者地方标准尽到安全防护、警示等管理维护义务的，可以豁免对于事故受害人的赔偿责任。

因此，在此类因道路管理维护缺陷导致的机动车交通事故中，被侵权人应当收集和保存事发道路路况缺陷、维护不利或对道路缺陷告知不周的证据，用于对事故情况作出初步的证明。而道路管理相关机构则应当严格执行法律、法规、规章、国家标准、行业标准或者地方标准，积极履行对道路的建设和维护职责，对有缺陷的道路设置警告标志等进行告知，并注意保存《高速公路路政巡查表》《养护日常巡查表》等相关的书面工作记录，以备当有机动车因道路缺陷发生交通事故时，能够提供更全面更有利的证据作为责任豁免的依据。

65. 行人或非机动车擅自进入高速公路发生道路交通事故，赔偿责任由谁承担？

情景再现

上实村村东边有一条高速公路，老马是上实村的村民，由于老马的舅舅家在高速公路以东的下实村，因此老马经常需要穿越高速公路前往舅舅家。

当地政府为方便附近几个村子的村民出行，在距离上实村3公里的小河村附近的高速公路下方挖设了通道，高速公路管理机构为防止村民横穿高速公路，特意加固了高速防护网及隔离带，并设置了相应的警示牌。

老马认为绕行通道太麻烦，根据自己平常观察，高速公路上通行的车辆并不多，遂抱着侥幸心理设法翻越了高速护栏，结果在横穿高速公路时被一辆超速行驶的大货车撞成重伤，后经抢救无效死亡。

经公安机关交管部门认定，在本起事故中，大货车因超速行驶承担事故的次要责任，老马因擅自翻越护栏横穿高速公路承担事故的主要责任。老马的亲属则认为，若非高速公路管理机构对护栏的设置和维护不善，老马根本无法翻越护栏从而闯入高速公路，因此要求高速公路管理机构承担一定的赔偿责任。但经法院查明，事故发生地的高速护栏及警示牌设置是符合要求的，高速公路管理机构不存在管理不当的情形，因此驳回了老马亲属要求高速公路管理机构承担赔偿责任的诉讼请求。

法律分析

根据《道路交通事故损害赔偿案件司法解释》第9条第2款的规定："依法不得进入高速公路的车辆、行人，进入高速公路发生交通事故造成自身损害，当事人请求高速公路管理者承担赔偿责任的，适用侵权责任法第七十六条的规定。"而《民法典》第1243条则规定，未经许可进入高度危险活动区域或者高度危险物存放区域受到损害，管理人能够证明已经采取足够安全措施并尽到充分警示义务的，可以减轻或者不承担责任。

由《民法典》及《道路交通事故损害赔偿案件司法解释》的相关规定可知，高速公路是高度危险的环境，高速公路管理机构应当对擅自闯入高速公路的车辆或行人的损害承担高度危险责任，而高度危险责任是典型的无过错责任，即不以高速公路管理者是否存在过错作为判定其是否应当承担责任的条件，即无论高速公路管理者对老马的死亡是否存在主观故意或过失，根据无过错责任原则，都应当承担赔偿责任。

《民法典》对于高度危险责任适用无过错责任原则的规定并不是绝对的，“管理人已经采取安全措施并尽到警示义务的，可以减轻或者不承担责任”。只要责任人能够举证证明自己确实存在上述法定免责事由，那么就有可能得到部分或全部的责任豁免。

因此，上述案例中老马发生交通事故的高速路段，高速公路管理机构已经充分履行了注意义务，按照规定设置了防护网及警告标志，可以认定为“已经采取安全措施并尽到警示义务”，存在法定的免责事由，因此法院判定高速公路管理机构不承担赔偿责任。

66. 道路障碍物导致交通事故造成损害的，由谁承担赔偿责任？

情景再现

丁小杰是小河村的村民，拥有一辆二轮摩托车。为了去县城汽车站接外出归来的女友，丁小杰驾驶自己的摩托车前往县城，在行驶至乡道上的一个转弯处时，因车辆后轮碾轧到了路边堆放的沙石，导致车辆打滑发生侧翻，丁小杰在事故中身受重伤，后经抢救无效死亡。

经公安机关交通管理部门查明，导致事故发生的沙石系村民赵某为修缮自家房屋而堆放在路边的，侵占了部分行车道路。而事故受害人丁小杰自身驾驶摩托车车速过快，通过道路转弯处也未减速慢行。因此在该事故中，丁小杰承担主要责任，赵某承担次要责任。

丁小杰的亲属则认为，若非事发乡道的道路主管部门没有尽到对赵某在道路上堆放障碍物的监管职责，对道路行车环境的保护不利，丁小杰也不会因事故而丧生，因此将该乡道的公路管理机构连同赵某一起告上法庭，要求赵某和道路管理机构一并对丁小杰在事故中的人身及财产损失承担赔偿责任。

经法院查明，赵某于事故发生前5日就已经将沙石堆放于事故发生地，堆放的5日内，事发路段的道路管理人从未对道路情况进行巡查和清理，因此判定赵某承担40%的赔偿责任，道路管理人承担10%的赔偿责任。

法律分析

根据《道路交通事故损害赔偿案件司法解释》第10条的规定，因在道路上堆放、倾倒、遗撒物品等妨碍通行的行为，导致交通事故造成损害，当事人请求行为人承担赔偿责任的，人民法院应予支持。上述案例中，村民赵某擅自将用于修缮房屋的沙石堆放在公共道路上，并且是堆放于道路转弯处，其随意堆放的行为对道路通行造成了严重的妨碍，因此根据该司法解释第10条的规定，应当承担对事故受害人的赔偿责任。

《公路法》第35条明确规定，公路管理机构应当按照国务院交通主管部门规定的技术规范和操作规程对公路进行养护，保证公路经常处于良好的技术状态。由此可以看出，对公路的日常清理和养护是公路管理机构的法定义务。此外，《道路交通事故损害赔偿案件司法解释》第10条还规定，对于因堆放、倾倒、遗撒物品妨碍通行造成的交通事故，如果道路管理者不能证明已按照法律、法规、规章、国家标准、行业标准或者地方标准尽到清理、防护、警示等义务的，应当承担相应的赔偿责任。

由此可见，在道路上堆放、倾倒、遗撒物品导致的交通事故中，对于道路管理者的归责原则应当是过错推定责任原则，即首先推定道路管理者未履行或完全履行法定义务，对事故的发生是存在过错的，从而将证明自己已按规定尽到清理、防护、警示等义务的举证责任转移给道路管理者，如果道路管理者不能提供有力的证据证明其已充分尽到管理义务的，则应当根据责任比例承担相应的赔偿义务。

因此，在上述案件中，事发路段的道路管理人无法证明自己尽到了管理义务，因而需要按照其在事故中的责任比例承担10%的赔偿责任。

67. 道路设计或施工缺陷导致交通事故造成损害的，由谁承担赔偿责任？

建设符合技术标准、质量过硬的道路是维护和保障道路交通安全的基础。作为重要的基础设施，道路安全关乎广大人民群众的生命财产安全。如果用于行驶的道路本身存在质量问题和设计缺陷，其隐患和危害将是巨大的，因此法律对于道路设计、施工的各个环节均规定了严格的资质要求和技术标准。

首先，《公路法》第24条规定，公路建设单位应当根据公路建设工程的特点和技术要求，选择具有相应资格的勘查设计单位、施工单位和工程监理单位，并依照有关法律、法规、规章的规定和公路工程技术标准的要求，分别签订合同，明确双方的权利义务。承担公路建设项目的可行性研究单位、勘查设计单位、施工单位和工程监理单位，必须持有国家规定的资质证书。可见法律对于公路的设计单位、施工单位和工程监理单位都有严格的资质要求，力图通过在道路承建方面设置较高的准入门槛来保证道路建设工作的质量，从而保证道路本身的质量。

公路的建设单位也负有对设计、施工和监理等工程承包方的审查及监管义务，在工程承包方的选择方面，应当公正合法，必须选择具有相应资质的承包方，否则就应当承担相应的责任。

其次，《公路法》第26条还规定，公路建设必须符合公路工程技术标准。承担公路建设项目的设计单位、施工单位和工程监理单位，应当按照国家有关规定建立健全质量保证体系，落实岗位责任制，并依照有关法律、法规、规章以及公路工程技术标准的要求和合同约定进行设计、施工和监理，保证公路工程质量。

从这一条款可以看出，公路建设项目的设计单位、施工单位和监理单位对公路工程质量的保证不仅是岗位职责，更是法定义务。若因为公路设计或施工、监理的某一环节发生渎职行为导致公路质量出现瑕疵和缺陷，该单位就是违反了保证工程质量的法定义务，应当对由于道路设计或质量缺陷导致的交通事故承担责任。

因此，对于因道路设计或施工缺陷导致的交通事故的责任承担问题，《道路交通事故损害赔偿案件司法解释》第11条规定，未按照法律、法规、规章或者国家标准、行业标准、地方标准的强制性规定设计、施工，致使道路存在缺陷并造成交通事故，当事人请求建设单位与施工单位承担相应赔偿责任的，人民法院应予支持。

结合《公路法》对公路建设单位与施工单位法定义务的规定，未按技术标准设计、施工导致交通事故的发生，相应的设计单位或施工单位应当根据过错责任原则承担对事故受害人的赔偿责任。

如果作为发包主体的建设单位在选择设计或施工单位的过程中存在违法违规情形的，也应当根据过错责任原则承担一定的赔偿责任。如果公路建设单位和设计或施工单位均存在过错的，应当根据各自的过错大小，按过错比例承担责任，如果无法区分各方过错大小的，则应当由各过错方承担连带赔偿责任。

68. 机动车产品缺陷导致交通事故造成损害的，由谁承担赔偿责任？

情景再现

李明从顺驰汽车销售公司购买了一辆飞驰牌5座小轿车作为家庭用车。购买后不久，驾驶新车的李明就因为车辆的刹车失灵撞上了路边的防护栏。李明本人在事故中身受重伤，经鉴定机构鉴定，其伤情构成3级伤残。

事故发生后，李明多次联系汽车的销售方顺驰汽车销售公司及生产商飞驰汽车制造公司，协商事故的赔偿问题，但生产商飞驰汽车制造公司否认事故车辆在出厂时存在质量问题，而汽车的销售方顺驰汽车销售公司认为是事故车辆的质量缺陷导致了李明的损害，因此不同意对李明遭受的损害进行赔偿。

无奈之下，李明只得将销售方顺驰汽车销售公司告上法庭，要求其承担产品缺陷责任，赔偿自己在事故中遭受的全部损失。

后在法庭审理阶段，鉴定机构对事故车辆的鉴定报告显示，的确是由于事故车辆的刹车失灵导致车辆失控才引发了交通事故。

法律分析

在上述案件中，李明在交通事故中遭受的损害是由于机动车的产品缺陷导致的，关于此类案件的责任分配问题，根据《道路交通事故损害赔偿案件司法解释》第12条的规定，机动车存在产品缺陷导致交通事故造成损害，当事人请求生产者或者销售者依照侵权责任法第五章的规定承担赔偿责任的，人民法院应予支持。因此，因机动车产品缺陷导致的交通事故，属于产品责任纠纷，受害人可以依照《民法典》的相关规定，以产品存在缺陷为由，追究相关责任人的侵权责任。

《民法典》第1202条至第1207条详细规定了产品责任的责任主体、赔偿义务及追偿权等内容。其中第1203条明确规定，因产品存在缺陷造成损害的，被侵权人可以向产品的生产者请求赔偿，也可以向产品的销售者请求赔偿。因此，李明将汽车销售方顺驰汽车销售公司告上法庭，要求其承担产品缺陷责任是有法可循的。

上述案例中的事故车辆本身存在着严重的产品缺陷，且该产品缺陷是由生产者造成的，根据《民法典》第1203条第2款的规定，销售方顺驰汽车销售公司在履行了对李明的赔偿义务后，有权向生产者飞驰汽车制造公司追偿。当然，如果销售者在销售过程中存在过错导致产品存在缺陷的，受害人在向生产者索赔后，生产者亦有权向销售者追偿。

产品责任的承担主体是生产者和销售者，生产者和销售者承担产品责任的归责事由都是无过错责任，两者对被侵权人承担赔偿责任均不以存在过错为前提，在其中一方向被侵权人承担赔偿责任之后，可以向有过错的另一方追偿，而这种追偿则是最终责任承担意义上的追偿。

69. 非营运机动车私自营运发生交通事故由谁承担责任？

情景再现

老王有一辆私家车，平时用来上下班通勤及接送家人。偶然听朋友说晚上或周末开车去商场“跑出租”运送客人的收益很高，于是老王就开始利用下班后及节假日的休息时间开着自己的私家车接送乘客，根据路程的远近收取一定的车费。

某天下班后，老王又驾驶自己的小汽车跑起了客运生意，结果在送客人前往目的地的途中因操作不当撞伤了行人小李，事故导致小李9级伤残。

事故发生后，老王立即向承保其车辆交强险的保险公司提出了赔偿申请，但是保险公司在审查过程中发现老王私自将家用机动车用于营运，因此以老王擅自改变车辆用途为由拒绝向老王履行保险责任。争执不下的双方只得将纠纷提请人民法院审理。

法律分析

关于上述案例中保险公司提出的投保人擅自改变被保险车辆的用途将车辆用于营运因此拒绝履行保险责任的问题，《道路交通事故损害赔偿案件司法解释》第23条第2款规定，机动车在交强险合同有效期内发生改装、使用性质改变等导致危险程度增加的情形，发生交通事故后，当事人请求保险公司在责任限额范围内予以赔偿的，人民法院应予支持。

由于交强险具有社会救助与社会保障的功能，其目的是保障事故受害人在不幸遭受损害后能得到及时的救助，因而除了法定的免责事由，交强险不得以其他理由拒绝对受害人承担赔偿责任。

案例中保险公司以老王擅自改变车辆用途为由拒绝履行保险义务是没有合法依据的，尽管老王改变车辆用途将非营运车辆用于营运的情形会使被保险车辆的危险程度增加、发生保险事故的可能性增大，投保人应当及时告知保险公司，变更保险合同，但是并不影响承保交强险的保险公司在责任限额范围内对事故受害人进行赔偿。

虽然非营运机动车擅自变更用途私自营运导致交通事故并

不影响交强险的保险责任，但根据《道路交通事故损害赔偿案件司法解释》第 23 条第 3 款的规定，机动车在交强险合同有效期内发生改装、使用性质改变等导致危险程度增加的情形下发生交通事故由保险公司承担赔偿责任后，保险公司另行起诉请求投保义务人按照重新核定后的保险费标准补足当期保险费的，人民法院应予支持。也就是说，非营运机动车擅自变更用途用于营运虽然不影响保险公司的责任承担，但是会影响交强险合同内容的变更即保费的增加，承保交强险的保险公司有权提高该机动车保险合同的保费费率并要求投保义务人对提高的保费进行补足。

第三章

CHAPTER 3

道路交通纠纷赔偿与标准

70. 什么是交通事故伤残鉴定？

交通事故伤残鉴定是指发生交通事故后，受害人可以通过专门的交通事故伤残鉴定机构对自身在事故中所遭受的身体损伤进行鉴定和评级，鉴定机构根据受害人的身体损伤状况及后续治疗或康复要求等出具鉴定报告，鉴定报告可以作为受害人主张交通事故赔偿的证据依据。

交通事故伤残鉴定的主要范围包括对事故所致的伤残级别的鉴定，对受害人后续治疗费用的鉴定，对受害人所需的伤后护理级别的鉴定和对事故给受害人造成的误工时间的鉴定。

其中对受害人伤残级别的鉴定主要是指鉴定机构对受害人的伤残情况进行 10 级至 1 级的划分，其中 10 级伤残最轻微，1 级伤残最严重。受害人的伤残等级鉴定结果直接影响到受害人可获得的残疾赔偿金、被扶养人生活费、精神抚慰金等赔偿项目的数额。

对受害人后续治疗费用的鉴定主要是指受害人的伤情还需要后续治疗或长期康复治疗，鉴定机构对此类治疗产生的后续治疗费用进行鉴定的行为，对后续治疗费用的鉴定可以在对受害人进行伤残等级鉴定时一并委托。

对受害人护理级别的鉴定主要是指受害人的伤残状况导致受害人在出院后或未来的生活中无法自理或完全自理，需要他人进行照顾和看护的情况下，委托鉴定机构对受害人所需的护理级别进行鉴定的行为，护理级别一共分为 4 级，4 级所代表的护理需求较轻，1 级的护理要求最高，所需要的护理费相应也最高。

对受害人误工时间的鉴定是指对受害人本人因交通事故导致的误工时间的长短进行鉴定的行为，这里的鉴定不包括对受害人家属因看护等导致的误工时间的鉴定。误工时间的鉴定结果直接影响到受害人可获得的误工费的赔偿数额。

71. 什么情况下可以申请交通事故伤残鉴定?

交通事故伤残鉴定主要包括对事故所致的伤残级别的鉴定、对受害人后续治疗费用的鉴定、对受害人所需的伤后护理级别的鉴定和对事故给受害人造成的误工时间的鉴定等内容，由于伤残鉴定是受害人主张交通事故赔偿的重要依据，因此申请伤残鉴定是很多事故当事人都会作出的选择。

首先，当事人因交通事故致残的，在治疗终结后，应当由具有资格的伤残鉴定机构评定伤残等级。具有资格的检验、鉴定、评估机构应当向省级人民政府公安交通管理部门备案，公安交通管理部门可以向当事人介绍符合条件的检验、鉴定、评估机构由当事人自行选择。

因此，事故当事人觉得自己的伤情可能导致残疾的，可以向公安机关交通主管部门提出申请，对事故伤害进行伤残等级的鉴定。但是需要明确的是，申请伤残鉴定的时间必须是在治疗终结之后，也就是说，申请伤残鉴定的前提是受害人结束治疗并取得出院证明。

其次，伤残鉴定既可以由受害人自行委托，也可以由案件的主办机关提出，还可以在纠纷起诉至法院后，由当事人向法院提出鉴定申请或由法院作出对受害人进行伤残鉴定的决定。

最后，对于鉴定机构的选定，当事人既可以选择由案件的主办机关推荐或指定的鉴定机构来进行鉴定，也可以自行选择有合法资质的鉴定机构进行伤残鉴定。但是事故受害人在选择鉴定机构之前最好充分考量案件主办机关的意见或保险公司的意见，因为事故肇事方和保险公司等都可能对鉴定结果提出异议，因此提前沟通鉴定机构的选择也能一定程度上提高伤残鉴定的效率。

72. 交通事故伤残鉴定的流程是怎样的？

交通事故受害人结束治疗出院后，想要申请交通事故伤残鉴定，必须遵守规定的流程。

首先，提出交通事故伤残鉴定需要携带鉴定机构指定的材料到拥有资质的鉴定机构办理鉴定委托手续。具体来说，委托鉴定机构进行伤残鉴定需要提交：

1. 加盖办案单位公章的事故伤残鉴定申请书；

2. 治疗医院的住院及出院记录、诊断证明、各类检查报告单和 X 光片等能够客观反映受害人伤情的医学资料；

3. 由公安机关交通主管部门出具的《交通事故认定书》；

4. 申请人身份证明文件。

其次，在接收申请人递交的材料后 7 个工作日内，鉴定机构应评估鉴定申请并作出是否受理委托的决定。如鉴定机构决定受理鉴定委托后，应当与申请人签订司法鉴定委托书并指派具有执业资格的工作人员完成鉴定。鉴定期限一般为委托书生效后 30 个工作日，如果遇到特别疑难复杂的案件，鉴定机构可以适当延长鉴定的期限。

最后，鉴定机构完成鉴定后，应当按照规定的格式向申请人出具《司法鉴定意见书》。如果申请人在收到鉴定意见书后对鉴定机构出具的鉴定意见仍然存在异议的，可以按相关规定提出异议并申请重新鉴定。

73. 交通事故伤残鉴定如何评级?

交通事故受害人在结束治疗后，即可向相关鉴定机构提出伤残鉴定的申请，当鉴定机构对申请人所提交的材料作出评估并同意接受鉴定委托后，就会依据相关的鉴定标准对申请人的伤情进行鉴定。

鉴定机构在对伤者的伤情进行鉴定时，必须保持实事求是的客观态度，以事故受害人发生事故时的真实伤情为鉴定的主要依据，结合事故损伤给受害人造成的后果，认真分析受害人各项身体损伤与事故之间是否存在因果关系，综合考量并对受害人的伤残等级作出评定。鉴定机构在进行交通事故伤残鉴定时，主要依据《人体损伤程度鉴定标准》及各地出台的鉴定标准等文件，对受害人的伤情进行认真评定，并给出具体的伤残等级鉴定意见。

交通事故造成的伤残总共分为10级。其中10级为伤残程度最轻微的等级，随着等级数依次减小，伤残程度逐级变大，其中1级伤残为最严重的伤残。例如交通事故导致受害人的颅脑、四肢、腹部、面部等机体或器官功能轻微障碍或使受害人的日常活动能力部分受限的，鉴定机构会作出10级伤残的认定。如果交通事故造成受害人颅脑、四肢、腹部、面部等机体或器官功能严重受损，导致受害人无法进行日常活动、彻底丧失劳动能力的，鉴定机构则会给出1级伤残的鉴定结论。

由于鉴定机构的鉴定依据中非常重要的部分就是委托人提供的各项诊断、治疗材料或检验结果等，因此委托人在向鉴定机构递交材料时，必须尽量做到详细和完整，以提高鉴定机构的鉴定效率和保证鉴定结果的公正性。

74. 如何对交通事故伤残鉴定的结果提出异议？

鉴定机构在对委托人提交的鉴定材料进行认真论证并向委托人出具《司法鉴定意见书》以后，委托人在接收到鉴定意见书后如对鉴定结果存在异议的，可以申请重新鉴定。此外，如果对方当事人对受害人的伤情鉴定结果存有异议的，也可以向公安机关交通管理部门或法院提出重新鉴定或补充鉴定的要求。

如果交通事故伤残鉴定是在公安机关交通管理部门受理案件的阶段进行的，鉴定意见送达案件主管机关或委托人后，案件当事人对鉴定结果提出异议的，应当自公安机关交通管理部门送达之日起3日内提出书面申请，经县级以上公安机关交通管理部门负责人批准，原办案单位应当重新委托检验、鉴定。当事人提出重新鉴定的申请必须具备合法依据和合理的理由。

如果事故纠纷进入法院的诉讼程序后，任一方当事人对伤残鉴定的结果提出异议的，法院可以根据当事人的请求或主动要求对受害人的伤情进行补充鉴定或重新鉴定。

当事人提出重新鉴定的申请后，根据公安机关交通管理部门或法院的推荐或指定，应当重新委托一家鉴定机构进行鉴定，重新鉴定不得在原鉴定机构再次进行。重新鉴定的机会只有一次，当事人在提出重新鉴定申请后，不得再对重新鉴定的结论提出异议。

75. 交通事故伤残鉴定的费用由谁承担？

发生道路交通事故后，如果事故受害人的伤情较为严重或合理怀疑构成伤残的情况下，一般会申请进行交通事故伤残鉴定，进行鉴定所缴纳的费用就是交通事故伤残鉴定费。

交通事故伤残鉴定费一般是由申请人先行垫付的，无论是在公安机关交通管理部门办案期间还是当交通事故赔偿纠纷已经诉至法院并进入诉讼程序，申请进行交通事故伤残鉴定的一方都应当先行向鉴定机构支付鉴定费用。申请人在支付鉴定费用后应当妥善保管相关票据，留作日后主张费用承担的依据。

当交通事故伤残鉴定结论作出后，受害人的残疾赔偿金、误工费、营养费等赔偿项目的数额计算就有据可依了，结合公安机关交通管理部门出具的《交通事故认定书》中对事故责任的分配比例，事故各方各自应当承担的赔偿金额就确定了，这当中也包含着对交通事故伤残鉴定费的分配。

假如某交通事故的肇事方对事故的发生承担全部责任，肇事方与受害者就赔偿数额未达成一致意见，随后事故受害者提出进行伤残鉴定，那么鉴定费用一般先由受害方垫付，但是鉴定费用应当计入肇事方的责任承担范围内，在肇事方最终进行事故赔偿时一并支付给受害人。

如果纠纷已经进入诉讼程序中，那么类似的，根据“谁主张，谁承担”的原则，鉴定申请人需要先行垫付鉴定费用，待法院查明事实并进行责任界定时，如果认定另一方是赔偿主体的，则法院会判定赔偿责任人应当向申请人支付其先前垫付的鉴定费用。

76. 因交通事故遭受人身损害，可以得到哪些赔偿？

根据《人身损害赔偿司法解释》第17条、第18条的规定，一般情况下，只要交通事故的受害人因交通事故而遭受到了人身损害，赔偿义务人就有义务对受害人因就医治疗支出的各项费用以及因误工减少的收入，包括医疗费、误工费、护理费、交通费、住宿费、住院伙食补助费、必要的营养费等作出相应的赔偿。

根据受害人因交通事故遭受的人身损害的严重程度，因伤致残与因事故死亡的受害人或受害人家属，还可以额外请求事故的加害方进行残疾赔偿金和死亡赔偿金等一系列损害赔偿。

其中如果受害人因伤致残的，受害人的伤情导致的生活上需要额外支出的必要费用以及受害人因事故丧失劳动能力导致的收入损失，都可以主张肇事者进行赔偿。相关的赔偿项目包括残疾赔偿金、残疾辅助器具费、被扶养人生活费，以及因康复护理、继续治疗实际发生的必要的康复费、护理费、后续治疗费等。

如果受害人因事故导致死亡的，赔偿义务人除应当根据抢救治疗情况赔偿医疗费、护理费等一系列费用外，还应当向受害者家属赔偿丧葬费、被扶养人生活费、死亡补偿费以及受害人亲属办理丧葬事宜所支出的交通费、住宿费和误工损失等其他合理费用。

此外，交通事故不仅会给受害者造成身体上的损伤，还可能给受害者或受害者的家属造成精神上的伤害。因此，法律也赋予了因交通事故而遭受精神损害的受害人或者死者近亲属请求肇事者赔偿精神损害抚慰金的权利。

77. 怎样计算医疗费？

交通事故人身损害赔偿中所称的医疗费是指道路交通事故

发生后，由于交通事故肇事方给事故受害人造成了一定的人身伤害，受害人为恢复健康而进行的就医、抢救、住院等交通事故创伤治疗所必须花费的费用。一般来说，交通事故造成的创伤治疗所需的医疗费主要包括挂号费、检查费、化验费、手术费、治疗费、住院费和药费等。

由于交通事故发生后，无论事故受害者最终受伤还是死亡，绝大多数情况下都会对受害者进行抢救或检查等医疗救治行为，因此医疗费是交通事故人身损害赔偿中最为常见的赔偿项目之一。

受害者医疗费的计算，最主要的依据是受害者就诊医院对受害者所有治疗花费，包括挂号、检查、化验、手术、住院、用药等的结算凭证，这一部分的计算因为有据可依，是比较容易确定的。

关于医疗费用结算的截止时间，如果受害人是通过诉讼的方式主张损害赔偿的话，那么医疗费的计算是按照一审法庭辩论终结前实际发生的数额来确定的。除此之外，如果根据受害人的伤情鉴定结果或医院的诊断结论，证明受害人在出院后确实还需要进行后续治疗或其他康复治疗的，例如受害人还需要进行器官功能恢复训练或多次整容等治疗手段的，那么后续治疗或康复治疗所必需的医疗费也可以计算进医疗费从而得到赔偿。

《人身损害赔偿司法解释》第 19 条第 1 款规定，医疗费根据医疗机构出具的医药费、住院费等收款凭证，结合病历和诊断证明等相关证据确定。需要提醒的是，事故受害者在就医治疗的过程中，应当注意对各类治疗费用结算票据的留存和保管，以备后续通过各种途径主张损害赔偿时，可以提供详细有效的证据材料，更加有力地维护自身的合法权益。

78. 怎样计算误工费？

交通事故人身损害赔偿中所称的误工费是指道路交通事故发生后，由于交通事故肇事方给事故受害人造成了一定的人身伤害，受害人为恢复健康而进行就医治疗，同时受害人的近亲属代为处理交通事故或照顾受害人生活等导致无法正常到岗工作或者开展日常经营活动，因此造成受害人及受害人近亲属的经济收入减少，故而应当由赔偿义务人向受害者及受害者家属补偿因交通事故导致的误工损失。

关于道路交通事故人身损害赔偿中误工费的计算原则，《人身损害赔偿司法解释》第 20 条第 1 款规定，误工费根据受害人的误工时间和收入状况确定。由此可见，误工费的两个决定要素是受害人或受害人近亲属因事故导致的实际误工时间和其自身的实际收入水平。

其中，误工时间的计算一般是根据交通事故受害人接受治疗的医疗机构出具的相关证明来确定的。如果事故受害人因事故伤害导致身体残疾无法继续胜任社会工作造成持续误工的，那么误工时间的计算截至相关部门确定的定残日的前一天，定残日之后的损失将在残疾赔偿金中给予补偿。

收入状况的判定按照以下的标准进行：若交通事故受害人在发生事故时是有固定收入的，误工费则按照受害人因事故造成的实际收入损失来计算。若交通事故受害人在事故发生时无固定收入的，则可以综合考虑受害人在事故发生前三年的平均收入进行计算。

此外，在事故赔偿纠纷的相关诉讼中，如果事故受害人不能举证证明其最近三年的平均收入状况的，法官可以参照受诉法院所在地相同或者相近行业上一年度职工的平均工资对受害者的收入损失进行计算。

79. 怎样计算护理费？

交通事故人身损害赔偿中所称的护理费是指道路交通事故发生后，由于交通事故肇事方给事故受害人造成了一定的人身伤害，受害人就医期间及就医治疗后因伤生活不能自理，需要他人特殊照顾和护理而产生的费用。护理费包括事故受伤住院时产生的护理费、伤情治愈后康复期间所需的护理费及如果受害人因伤导致终身残疾需要特定人员专门照顾所产生的护理费用。

关于道路交通事故人身损害赔偿中误工费的计算原则，《人身损害赔偿司法解释》第 21 条第 1 款规定，护理费根据护理人员的收入状况和护理人数、护理期限确定。

关于护理人员收入状况的确定，《人身损害赔偿司法解释》第 21 条第 2 款作出了原则性的规定，如果事故受害人的护理人员有明确的收入的，则按照护理人员的实际收入情况进行计算。如果事故受害人的护理人员本身没有收入或者受害人专门雇用了护工进行看护的，则对护理人员收入状况的确定参照当地护工从事同等级别护理的劳务报酬标准来进行护理费的计算。

关于护理人数的确定问题，每个事故受害人的护理人员原则上为一人，但相关医疗机构或者鉴定机构出具了明确的医疗意见或鉴定意见的，可以参照医疗意见或鉴定意见来确定护理人员的人数。

对于护理期限的认定应当计算至受害人恢复生活自理能力时止。事故受害人因伤致残，不能恢复生活自理能力的，可以根据其年龄、健康状况等因素确定合理的护理期限，但确定的护理期限最长不得超过 20 年。

此外，对于事故受害人经相关机构鉴定并确定残疾等级后，应当根据其护理依赖程度并结合配制残疾辅助器具的情况来综合判定事故受害人所需的护理级别。

80. 怎样计算交通费?

交通事故人身损害赔偿中所称的交通费是指道路交通事故发生后，受害人及受害人的陪护人在就医治疗的过程中，因搭乘或使用交通工具而产生的花销和费用。受害人及其陪护人因就医治疗产生的交通花费本质上都是由于肇事者给受害人造成的人身损害引起的，因此事故受害人有权根据实际的交通花费向肇事者主张交通费的赔偿。

关于道路交通事故人身损害赔偿中交通费的计算原则，《人身损害赔偿司法解释》第22条规定，交通费根据受害人及其必要的陪护人员因就医或者转院治疗实际发生的费用计算。交通费应当以正式票据为凭；有关凭据应当与就医地点、时间、人数、次数相符合。

根据上述规定，事故受害人在主张交通费的赔偿时，可以得到交通费赔偿的人数是有限制的，除事故受害人本人外，受害人的陪护人员是确有必要的情况下才可以获得交通费的赔偿。

交通费的赔偿必须以受害人或其陪护人实际花费的数额为限，主张交通费的赔偿必须提供相关交通行程的正式票据作为凭证或证据。受害人为支持自己的主张而提供的交通费凭据必须与受害人的实际就医地点、就医时间、就医及陪护人数、就医及陪护次数相符合，不得伪造或提供其他无关凭据。因此，我们建议受害人或其陪护人一定要在就医治疗过程中妥善保存自己的交通费用凭据。

81. 怎样计算住宿费？

交通事故人身损害赔偿中所称的住宿费是指道路交通事故发生后，因事故受害人的伤情确实需要前往外地寻求更好的治疗条件，且在外出治疗的过程中由于客观原因确实无法住院，事故受害人本人及其必要的陪护人员因在外地住宿所产生的费用。

关于道路交通事故人身损害赔偿中住宿费的计算原则，《人身损害赔偿司法解释》第23条第2款规定，受害人确有必要到外地治疗，因客观原因不能住院，受害人本人及其陪护人员实际发生的住宿费和伙食费，其合理部分应予赔偿。

从上述规定中可以看出，事故受害人主张住宿费的赔偿也是需要符合一定条件的。其中，受害人到外地治疗必须是事故导致的身体损伤确实在本地医疗机构得不到有效的救治，到外地寻求更好的医疗机构是确有必要的。且受害人在客观原因上无法在医院住院，必须在异地租房或在酒店宾馆住宿的，受害人及其必要的陪护人员在异地治疗的过程中实际花费的用于住宿的费用是可以在合理范围内得到赔偿的。

由于住宿费的计算必须以实际发生为前提，因此，需要提醒的是，事故受害人在异地就医住宿过程中产生的实际花费所对应的缴费凭据等应当妥善保管，以备后续通过各种途径主张损害赔偿时，可以提供详细有效的证据材料，更加有力地维护自身的合法权益。

82. 怎样计算住院伙食补助费？

交通事故人身损害赔偿中所称的住院伙食补助费是指道路交通事故发生后，受害人及受害人的陪护人在就医治疗的过程中，因住院就餐或在外地治疗过程中就餐而产生的花销和费用。受害人及其陪护人因住院或到外地治疗产生的伙食费本质上都是由于肇事者给受害人造成的人身损害引起的，因此事故受害人有权根据实际的就餐花费向肇事者主张伙食补助费的赔偿。

关于道路交通事故人身损害赔偿中住院伙食补助费的计算原则，《人身损害赔偿司法解释》第23条规定，住院伙食补助费可以参照当地国家机关一般工作人员的出差伙食补助标准予以确定。受害人确有必要到外地治疗，因客观原因不能住院，受害人本人及其陪护人员实际发生的住宿费和伙食费，其合理部分应予赔偿。

由此可见，住院伙食补助费的计算标准是参照治疗医院当地国家机关一般人员的出差伙食补助的标准确定的。例如，受害人车祸受伤后在杭州市的医院住院治疗，杭州市国家机关一般人员的出差伙食补助为100元一天，那么受害人及其必要的陪护人员可以按照“住院天数 × 补助人数 ×100元”来进行计算。

此外，事故受害人主张伙食补助费的赔偿也是需要符合一定条件的。其中，受害人到外地治疗必须是事故导致的身体损伤确实在本地医疗机构得不到有效的救治，到外地寻求更好的医疗机构是确有必要的。事故受害人在异地就医过程中产生的就餐花费所对应的缴费凭据等也应当妥善保管，以备后续通过各种途径主张损害赔偿时，可以提供详细有效的证据材料。

83. 怎样计算营养费？

交通事故人身损害赔偿中所称的营养费是指道路交通事故发生后，受害人在事故中受伤确实严重，并且根据相关机构的意见证明受害人确实需要补充营养以帮助伤情的治疗和恢复的，受害人可以向侵害人主张赔偿一定的营养费。

关于道路交通事故人身损害赔偿中营养费的计算原则，《人身损害赔偿司法解释》第24条规定，营养费根据受害人伤残情况参照医疗机构的意见确定。

根据上述规定可以看出，营养费并不是每一起交通事故损害赔偿案件中必然存在的赔偿项目，营养费的赔偿只针对伤情严重，确实有需要补充营养的受害人。此外，营养费的主要赔偿依据是司法鉴定机构或受害人的治疗医院出具的鉴定或证明，经司法鉴定或主治医生证实受害人的伤情确实需要补充营养以辅助治疗的，受害人可以得到酌情的营养费赔偿。

营养费赔偿数额的具体确定依据，一般按照受害人当地居民平均生活费标准的40%至60%的比例来进行计算。根据受害人的伤情不同，经司法鉴定机构鉴定或征求治疗医院的意见后，确定受害人所需补充的营养程度以及需要补充营养的时间，综合考虑及计算后才能确定营养费赔偿的具体数额。

84. 怎样计算残疾赔偿金？

交通事故人身损害赔偿中所称的残疾赔偿金是指道路交通事故发生后，事故受害人因事故导致伤残，且伤残情况进一步导致了受害人劳动能力的下降或丧失，使受害人未来劳动收入面临减损或生活来源彻底丧失的，赔偿义务人应当给予受害人的财产性赔偿。

关于道路交通事故人身损害赔偿中残疾赔偿金的计算原则，《人身损害赔偿司法解释》第25条第1款规定，残疾赔偿金根据受害人丧失劳动能力程度或者伤残等级，按照受诉法院所在地上一年度城镇居民人均可支配收入或者农村居民人均纯收入标准，自定残之日起按 20 年计算。但 60 周岁以上的，年龄每增加 1 岁减少 1 年；75 周岁以上的，按 5 年计算。

根据上述法律规定，影响残疾赔偿金最终数额的因素主要是受害人的伤残等级或丧失劳动能力的程度，受诉法院所在地上一年度的人均收入标准，受害人的户籍性质，以及受害人自身的年龄（影响受害人可获得的赔偿年限）。

首先，受害人丧失劳动能力的程度或者受害人的伤残等级决定了受害人可以获得的赔偿比例。在其他条件相同的情况下，受害人的伤残等级越高，残疾赔偿金相应地也会越高。由于交通事故伤残鉴定中把受害人的伤残等级分为 10 级，每一级的赔偿系数相差 10%。1 级伤残是最高的伤残级别，所对应的赔偿比例为 100%，可以获得的残疾赔偿金也就越高。10 级是最低的伤残级别，对应着最低为 10% 的赔偿比例，因此能够获得的残疾赔偿金也就越少。可以说受害人的伤残等级与可获得的残疾赔偿金之间是成正比关系的，但是这一正比关系只是相对的，如果受害人因伤致残但实际收入没有减少，或者伤残等级较轻但造成职业妨害严重影响其劳动就业的，法院都可以根据案件的具体情况对残疾赔偿金作相应调整。

其次，受诉法院所在地上一年度的人均收入标准与受害人的户籍性质共同决定了受害人可获得的残疾赔偿金的适用标准。例如，一起交通事故损害赔偿纠纷案件的受诉法院为甲地基层法院，甲地上一年度城镇居民人均可支配收入为每人6万元，而上一年度农村居民人均纯收入为每人3万元，如果事故受害人为城镇户籍则适用每人每年6万元的赔偿标准，如果受害人为农村居民则适用每人每年3万元的赔偿标准。

需要特别指出的是，《人身损害赔偿司法解释》第30条第1款同时规定了适用受诉法院所在地赔偿标准的例外，也就是赔偿权利人举证证明其住所地或者经常居住地城镇居民人均可支配收入或者农村居民人均纯收入高于受诉法院所在地标准的，残疾赔偿金或者死亡赔偿金可以按照其住所地或者经常居住地的相关标准计算。

如果事故受害人可以提供户口本或居住证等证明材料证明自己的户籍地或经常居住地的，那么当受害人的户籍地或经常居住地的上一年度人均收入标准高于受诉法院所在地的收入标准时，则可以适用受害人户籍地或经常居住地的人均收入标准作为计算残疾赔偿金的依据。

最后，受害人自身的年龄通过影响受害人可获得赔偿的年限从而最终影响残疾赔偿金的总额。如果受害人在定残之日年龄不满60周岁的，则以20年作为固定的赔偿期限，但受害人在定残之日年满60周岁的，年龄每增加1岁则按20年减少1

年进行计算。如果受害人在定残之日已经年满75周岁的，则统一按照5年来计算残疾赔偿金的赔偿期限。

85. 怎样计算残疾辅助器具费？

交通事故人身损害赔偿中所称的残疾辅助器具费是指道路交通事故发生后，受害人因事故导致的伤残需要配备一定的辅助器具帮助恢复受伤器官的功能或辅助受害人达到生活自理、参与社会劳动等目的所产生的费用。

关于道路交通事故人身损害赔偿中残疾辅助器具费的计算原则，《人身损害赔偿司法解释》第26条规定，残疾辅助器具费按照普通适用器具的合理费用标准计算。伤情有特殊需要的，可以参照辅助器具配制机构的意见确定相应的合理费用标准。辅助器具的更换周期和赔偿期限参照配制机构的意见确定。由此可见，残疾辅助器具费的计算主要是由辅助器具的普通适用价格、更换周期和赔偿期限共同决定的。

首先，“普通适用器具”的计算标准是一个原则性的规定，是指法院在确定辅助器具的价格标准时，不是完全按照受害人实际使用的辅助器具的真实价格来进行计算，而是在考虑司法鉴定机构对受害人伤情进行鉴定的情况下，参照医疗行业内对该器具的普遍适用的价格来综合确定受害者所需的辅助器具的单价。但是普通适用的原则并不是完全严格不可突破的，如果出现伤情特别严重或确实需要更昂贵的辅助器具的，可以根据受害人的实际情况进行综合考虑。

其次，对于辅助器具的更换周期和赔偿期限，《人身损害赔偿司法解释》也没有直接作出具体的规定，而是表明以配制机构的意见为准。我国民政部门的假肢与矫形康复机构是从事辅助器具研究和生产的专业机构，可以从事残疾辅助器具的鉴定和配制。

由于确定辅助器具的更换周期和需求期限是一个非常具有技术性的问题，因而对更换周期和赔偿期限的认定均以假肢与矫形康复机构出具的意见为准。

86. 什么是道路交通事故损害赔偿中所称的被扶养人生活费？

交通事故人身损害赔偿中所称的被扶养人生活费是指道路交通事故发生后，事故受害人因事故导致伤残，且伤残情况进一步导致了受害人劳动能力的下降或丧失，使受害人未来劳动收入面临减损或彻底丧失进而导致受害人的父母、未成年子女等被扶养人的生活来源遭受损害，赔偿义务人因此应当给予受害人的财产性赔偿。

理解“被扶养人生活费”的概念，需要厘清哪些人可以认定为受害人的被扶养人。《人身损害赔偿司法解释》规定，被扶养人是指受害人依法应当承担扶养义务的未成年人或者丧失劳动能力又无其他生活来源的成年近亲属。

根据上述规定可见，受害人的被扶养人首先肯定包括了受害人负有法定扶养义务的未成年人，比如受害人的未成年子女。其次，事故受害人的没有收入来源、日常生活花费需要依靠事故受害人提供的成年近亲属，如受害人瘫痪在床的伴侣、年事已高无法劳动的父母等，也应当认定为受害人的被扶养人。

无论是受害人负有法定义务的被扶养人还是依赖受害人提供生活来源的近亲属，都会因为受害人劳动能力的部分或全部丧失而导致生活来源的丧失或生活质量的下降，因此事故的肇事人也应当对受害人的被扶养人的利益损失进行财产性质的补偿，这种财产性质的补偿就是交通事故人身损害赔偿中所称的被扶养人生活费。

87. 怎样计算被扶养人生活费？

关于道路交通事故人身损害赔偿中被扶养人生活费的计算原则，《人身损害赔偿司法解释》第28条作出了较为详细的规定。被扶养人生活费根据扶养人丧失劳动能力程度，按照受诉法院所在地上一年度城镇居民人均消费性支出和农村居民人均年生活消费支出标准计算。被扶养人为未成年人的，计算至18周岁；被扶养人无劳动能力又无其他生活来源的，计算20年。但60周岁以上的，年龄每增加1岁减少1年；75周岁以上的，按5年计算。

从《人身损害赔偿司法解释》第28条的规定可以看出，影响被扶养人生活费最终数额的因素主要是受害人丧失劳动能力的程度，受诉法院所在地上一年度的人均收入标准，受害人的户籍性质，以及被扶养人的年龄（影响被扶养人可获得赔偿的年限）。

其中，受害人丧失劳动能力的程度决定了受害人可以获得的赔偿比例。在其他条件相同的情况下，受害人丧失劳动能力的程度越重，对被扶养人的生活来源的损害也就越大，被扶养人生活费相应地也会越高。可以说受害人丧失劳动能力的程度与可获得的被扶养人生活费之间是成正比关系的，但是这一正比关系只是相对的，如果受害人丧失劳动能力的程度较大但对其实际收入的影响很小，或者丧失劳动能力的程度较轻但造成职业妨害严重影响其劳动就业的，法院都可以根据案件的具体情况对被扶养人生活费的赔偿比例作出相应调整。

受诉法院所在地上一年度的人均收入标准与被扶养人的户籍性质共同决定了受害人可获得的被扶养人生活费的适用标准。例如，一起交通事故损害赔偿纠纷案件的受诉法院为甲地基层法院，甲地上一年度城镇居民人均可支配收入为每人10万元，而上一年度农村居民人均纯收入为每人5万元，如果事故受害人的被扶养人为城镇户籍则适用每人每年10万元的赔偿标准，如果被扶养人为农村居民则适用每人每年5万元的赔偿标准。但需要特别指出的是，《人身损害赔偿司法解释》第30条同时规定，赔偿权利人举证证明其住所地或者经常居住地城镇居民人均可支配收入或者农村居民人均纯收入高于受诉法院所在地标准的，残疾赔偿金或者死亡赔偿金可以按照其住所地或者经常居住地的相关标准计算。被扶养人生活费的相关计算标准，依照前款原则确定。

因此，如果事故受害人可以提供户口本或居住证等证明材料证明自己的被扶养人户籍地或经常居住地的，那么当受害人的被扶养人户籍地或经常居住地的上一年度人均收入标准高于受诉法院所在地的收入标准时，则可以适用被扶养人户籍地或经常居住地的人均收入标准作为计算被扶养人生活费的依据。

受害人的被扶养人的年龄通过影响可获得赔偿的年限从而最终影响被扶养人生活费的总额。当受害人的被扶养人为未成年人时，对被扶养人生活费的赔偿期限计算至被扶养人满18周岁止。如果受害人的被扶养人没有任何劳动能力又没有其他生活来源的，不满60周岁的统一按20年计算。被扶养人60周岁以上的，年龄每增加1岁则赔偿期限相应地减少1年。被扶养人如果年满75周岁的，则统一按5年进行赔偿期限的计算。

最后，需要特别指出的是，如果被扶养人并非完全依靠受害人提供生活来源，而是另有其他扶养人的，那么赔偿义务人只赔偿受害人对其被扶养人依法应当负担部分的扶养费。如果受害人的被扶养人有数人的，赔偿义务人对受害人被扶养人生活费的年度赔偿总额累计不得超过上一年度城镇居民人均消费性支出额或者农村居民人均年生活消费支出额。

88. 怎样计算死亡赔偿金？

交通事故人身损害赔偿中所称的死亡赔偿金是指道路交通事故发生后，受害人因事故死亡，导致受害人未来收入中断和丧失，因此必须由事故的赔偿义务人向受害人的家属补偿受害人因死亡导致的经济性损失。这种给予死者近亲属的财产性质的补偿就是死亡赔偿金。

关于道路交通事故人身损害赔偿中死亡赔偿金的计算原则，《人身损害赔偿司法解释》第29条规定，死亡赔偿金按照受诉法院所在地上一年度城镇居民人均可支配收入或者农村居民人均纯收入标准，按20年计算。但60周岁以上的，年龄每增加1岁减少1年；75周岁以上的，按5年计算。

从《人身损害赔偿司法解释》第29条规定可以看出，影响死亡赔偿金最终数额的因素主要是受诉法院所在地上一年度的人均收入标准，受害人的户籍性质，以及被扶养人的年龄（影响死亡赔偿金的计算年限）。

受诉法院所在地上一年度的人均收入标准与受害人的户籍性质共同决定了受害人的近亲属可以获得的死亡赔偿金的数额。《人身损害赔偿司法解释》第 30 条第 1 款规定，赔偿权利人举证证明其住所地或者经常居住地城镇居民人均可支配收入或者农村居民人均纯收入高于受诉法院所在地标准的，残疾赔偿金或者死亡赔偿金可以按照其住所地或者经常居住地的相关标准计算。

如果事故受害人的近亲属可以提供户口本或居住证等证明材料证明受害人户籍地或经常居住地的，那么当受害人的户籍地或经常居住地的上一年度人均收入标准高于受诉法院所在地的收入标准时，则可以适用受害人户籍地或经常居住地的人均收入标准作为计算死亡赔偿金的依据。

此外，受害人的年龄通过影响可获得赔偿的年限从而最终影响死亡赔偿金的总额。当受害人因事故导致死亡时，尚未年满 60 周岁的，死亡赔偿金的计算年限统一按 20 年来进行计算。当受害人因事故导致死亡时已经年满 60 周岁的，年龄每增加 1 岁则赔偿的年限相应减少 1 年。受害人死亡时如果年满 75 周岁的，则统一按 5 年进行赔偿期限的计算。

89. 怎样计算丧葬费?

交通事故人身损害赔偿中所称的丧葬费是指道路交通事故发生后，受害人因事故导致死亡，受害人家属为受害人操办丧礼等后事需要花费一定的金钱，因此可以请求赔偿责任人对丧葬事宜的花费进行财产性的补偿。

事故受害人的近亲属或承担丧葬义务的人可以向赔偿责任人主张丧葬费的赔偿。交通事故丧葬费原则上以安葬受害人所支出的必要费用为赔偿的上限。一般情况下，丧葬费的赔偿主要包括运尸费、停尸费、火化费、购买骨灰盒的费用、骨灰存放费以及雇用人员操办丧事所支付的合理费用等。

关于道路交通事故人身损害赔偿中丧葬费的计算原则，《人身损害赔偿司法解释》第 27 条规定，丧葬费按照受诉法院所在地上一年度职工月平均工资标准，以 6 个月总额计算。

由上述《人身损害赔偿司法解释》第 27 条之规定可以看出，受诉法院上一年度职工月平均收入是决定受害人家属可以获得的丧葬费的最关键因素。例如，案件的受诉法院上一年度职工月平均收入为 5000 元每人每月，按照 6 个月的赔偿期限统一计算，那么受害人家属可以获得的丧葬费就应当是 30000 元人民币。

90. 长期生活在城市的农村户口居民因交通事故伤残，残疾赔偿金以何标准确定？

情景再现

小林大学毕业后回到家乡鹏城市工作并结婚，多年来一直与妻子生活在鹏城市区，由于小林是鹏城的农村户籍，可以享受每年3000元的耕地补贴，因此他的户口一直留在农村老家。2018年6月的一个周末，小林在外出途中遭遇交通事故，被小汽车撞成重伤，经鉴定机构鉴定，事故给小林造成6级伤残。

小林出院回家休养并将肇事司机告上法庭。在庭审过程中，小林与肇事司机就小林的残疾赔偿金应当适用鹏城的城镇居民人均可支配收入还是农村居民人均纯收入标准产生了争议。

法律分析

《人身损害赔偿司法解释》第25条规定，残疾赔偿金根据受害人丧失劳动能力程度或者伤残等级，按照受诉法院所在地上一年度城镇居民人均可支配收入或者农村居民人均纯收入标准，自定残之日起按20年计算。

小林的户口仍在农村老家，户籍性质仍为农业户口，按照上述规定，小林的残疾赔偿金理应按照鹏城当地2017年度的农村居民人均纯收入来进行计算。但是，小林长期在鹏城市区工作及生活，车祸发生前在市区有稳定的工作及收入来源，他与妻子的日常消费也都是在鹏城市区，如果仅按照农村居民人均纯收入标准计算小林的残疾赔偿金，将无法满足小林日常花费所需，无法填补小林因车祸造成残疾从而引起的经济损失，因此结合小林经常居住地的赔偿标准进行考虑才是更为公平的。

关于此类经常居住地在城市但户口在农村的事故受害者的赔偿标准问题，《最高人民法院民一庭经常居住地在城镇的农村居民因交通事故死亡如何计算赔偿费用的复函》明确指出，人身损害赔偿案件中，残疾赔偿金、死亡赔偿金和被扶养人生活费的计算，应当根据案件的实际情况，结合受害人住所地、经常居住地等因素，确定适用城镇居民人均可支配收入（人均消费性支出）或者农村居民人均纯收入（人均年生活消费支出）的标准。因此，小林主张按照鹏城市城镇居民人均可支配收入来确定自己的残疾赔偿金是有充分的法律依据的，应当得到法庭的支持。

91. 什么情况下可以请求肇事者赔偿精神损害抚慰金？

道路交通事故赔偿中的精神损害抚慰金是指事故受害人或

受害人的近亲属因受害人遭受交通事故的不法侵害，导致的精神上的痛苦、折磨及心理上的损害，因而要求赔偿责任人给予一定财产性补偿的赔偿方式。

精神损害抚慰金不同于其他赔偿金，它不是为了弥补受害人或受害人家属因交通事故造成的财产性损失，而是为了弥补受害人或受害人家属的心灵创伤和精神上的损害。由于受害人或受害人家属的精神损害的程度是因人而异，较为主观的，因此精神损害抚慰金是否应当赔偿以及应当以何种标准进行赔偿也就不如死亡赔偿金、残疾赔偿金等赔偿项目的计算标准那么客观了。

关于精神损害抚慰金的赔偿请求，《人身损害赔偿司法解释》第18条规定，受害人或者死者近亲属遭受精神损害，赔偿权利人向人民法院请求赔偿精神损害抚慰金的，适用《最高人民法院关于确定民事侵权精神损害赔偿责任若干问题的解释》（以下简称《精神损害赔偿司法解释》）予以确定。由此可见，确实遭受了精神损害，是请求精神损害抚慰金的必要条件。

因道路交通事故死亡的受害者近亲属遭受精神损害是容易确定的，因而死者近亲属向赔偿责任人主张精神损害抚慰金一般都能够得到支持。较难判断的是受害者伤残情况下的精神损害程度。一般来说，如果事故导致受害人残疾的，受害人主张精神损害抚慰金赔偿会得到法院的支持，具体的数额会因受害人的伤残等级差异而不同。如果受害人在事故中的伤情没有达到致残的标准，但是受伤部位在面部或其他身体关键部位，会导致受害人容貌受损或功能障碍的，或事故造成女性受害者流产等，也属于给受害人造成了较严重的精神损害，应当给予一定的赔偿。

此外，需要说明的是，精神损害抚慰金是补偿给精神受损的受害人或死者近亲属的，因此精神损害抚慰金的请求权不得让与其他人员或者由他人继承，只能由受害人本人或死者的近亲属提出申请。

92. 影响道路交通事故精神损害抚慰金赔偿数额的因素有哪些？

交通事故精神损害抚慰金赔不赔、赔多少都是法官参照相关规定并行使自由裁量权的结果。因此，关于精神损害抚慰金的赔偿标准不如其他赔偿项目，诸如死亡赔偿金、残疾赔偿金等客观精确，精神损害抚慰金的赔偿标准是在一定的范围内上下浮动的。

《精神损害赔偿司法解释》第10条列举了影响精神损害抚慰金赔偿数额的几个主要因素，当事故受害人或受害人近亲属主张精神损害抚慰金赔偿时，法院就会从以下6点进行考量并对赔偿金的具体数额进行判定。

1. 侵权人的过错程度，法律另有规定的除外。

如果事故责任人是故意制造交通事故导致受害人伤残及精神

损害的，精神损害抚慰金的赔偿数额应当大于过失导致的事故。

2. 侵害的手段、场合、行为方式等具体情节。

例如肇事者不仅撞倒受害人，还对受害人的身体进行来回碾压导致受害人死亡的，对受害人家属来说就会造成非常巨大的精神损害，因此精神损害抚慰金的赔偿数额也就越大。

3. 侵权行为所造成的后果。

例如同为车祸导致的残疾，被鉴定为 2 级伤残的受害人可以获得的精神损害抚慰金原则上应当比 5 级伤残的受害人更多。

4. 侵权人的获利情况。

这在道路交通事故中较为少见，暂不作考虑。

5. 侵权人承担责任的经济能力。

如果赔偿责任人确实经济困难，赔偿能力有限的，法院可以酌情适当下调精神损害抚慰金的数额。

6. 受诉法院所在地平均生活水平。

受诉法院所在地的平均生活水平越高，受害人或其近亲属可以获得的精神损害抚慰金在其他情况相同的情形下也应当越多。

93. 构成工伤的交通事故，受害人可以获得哪些赔偿？

职工在履行工作职责或合理的上下班时间及路途中发生的交通事故经认定为工伤事故的，可以获得工伤赔偿。

依据《人身损害赔偿司法解释》第12条的规定，依法应当参加工伤保险统筹的用人单位的劳动者，因工伤事故遭受人身损害，劳动者或者其近亲属向人民法院起诉请求用人单位承担民事赔偿责任的，告知其按《工伤保险条例》的规定处理。

《工伤保险条例》中对职工因工伤亡可以获得的各项赔偿进行了详细的列举规定。其中第30条规定了工伤住院的伙食补助金、到统筹地区以外就医所需的交通、食宿费用的赔偿方法。第34条规定了因工伤致残的生活护理费由工伤保险基金根据受害人的伤残等级进行支付。第35条规定了职工因工致残被鉴定为伤残的，根据不同的伤残等级，从工伤保险基金按伤残等级支付一次性伤残补助金。第39条还规定了职工因工死亡的，其近亲属可以从工伤保险基金领取丧葬补助金、供养亲属抚恤金和一次性工亡补助金等内容。

此外，《人身损害赔偿司法解释》第12条第2款还规定，因用人单位以外的第三人侵权造成劳动者人身损害，赔偿权利人请求第三人承担民事赔偿责任的，人民法院应予支持。据此规定，如果职工在履行职务的过程中因第三人侵权发生交通事故导致工伤的，既有权享受工伤保险待遇，也有权请求负有交通事故赔偿责任的事故侵权人承担民事赔偿责任，有效地保障了工伤事故受害人的获赔权利及合法权益。

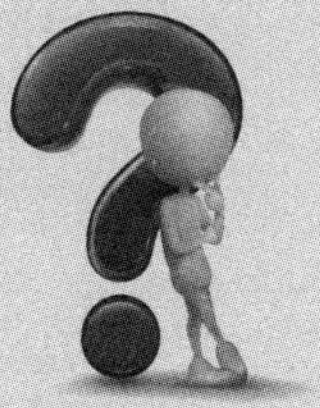

第四章

CHAPTER 4

道路交通纠纷中的保险

94. 什么是机动车交通事故责任强制保险？

“交强险”是日常生活中出现频率很高的名词，它是机动车交通事故责任强制保险的惯用简称，是一种专门为机动车购买的保险。

《机动车交通事故责任强制保险条例》（以下简称《交强险条例》）第3条指出，机动车交通事故责任强制保险是指由保险公司对被保险机动车发生道路交通事故造成本车人员、被保险人以外的受害人的人身伤亡、财产损失，在责任限额内予以赔偿的强制性责任保险。

想要理解“交强险”的概念，最重要的是了解交强险的强制性。交强险作为全国第一个由法律规定的强制性责任保险，将所有上路行驶的机动车都纳入了强制投保交强险的范围，换言之，机动车能够上路行驶的必要条件之一就是按照法律规定如期足额地缴纳了交强险的保费，购买了机动车交通事故责任强制保险。

交强险的赔付对于被保险人在事故中是否承担责任是没有要求的，即交强险的赔付实际上是一种无责赔付。无论被保险人是否在交通事故中负有责任，承保该机动车的保险公司都会依照法律规定及保险合同条款的具体规定在责任限额内支付赔偿金。

交强险对于赔付的对象具有严格的限制。我国交强险只对本车人员、被保险人以外的受害人的人身伤亡和财产损失进行赔偿，而将被保险人及投保车辆的车上人员排除在赔偿对象之外。

无论是交强险的保费费率还是交强险的各项赔付金额，都是具有固定的标准的，保费的费率标准及交强险的责任限额都是由国务院保险监督管理机构进行审批和监管的。

作为一种强制责任保险，交强险的推出和施行对于维护和保障道路上通行的车辆及行人的生命财产安全具有重要的作用，同时也能够在道路交通事故发生后提高处理效率、简化赔偿程序，以使事故受害人获得更加及时有效的赔偿。

95. 哪些车辆应当投保交强险？

机动车交通事故责任强制保险作为一种国家强制责任保险，具有强制性。根据《交强险条例》第 2 条第 1 款的规定，在中华人民共和国境内道路上行驶的机动车的所有人或者管理人都应当依照《道路交通安全法》的规定为自己所有或所管理的机动车投保机动车交通事故责任强制保险。根据上述规定，必须投保交强险的车辆具有两个主要的特征:(1)在我国境内道路上行驶;(2)在道路上行驶的车辆为机动车。

由此可见，无论是客车还是货车，无论是自用的家用小汽车还是用于营运的大客车，只要车辆是机动车并且想要在我国境内的道路上行驶，就必须按照法律规定购买机动车交通事故责任强制保险。也就是说，在我们的日常生活中，机动车的所有人或管理人都应当按照相关规定为车辆投保交强险。

只在特定厂区范围内行驶或只在一些特定的施工作业场地使用的机动车是可以不投保交强险的。例如，只在工厂厂区内行驶的小货车，只在工地作业施工的吊车和叉车，或是大型封闭式厂区内的摆渡车等不在公共道路上行驶的机动车是不强制购买机动车交通事故责任强制保险的。但是根据法律法规的规定，上述车辆的车主或车辆管理人如果自愿向保险公司投保交强险的，保险公司也不得拒绝受理。

此外，根据《交强险条例》第42条规定，挂车不投保机动车交通事故责任强制保险。如果挂车发生道路交通事故造成人身伤亡、财产损失的，由牵引车投保的保险公司在机动车交通事故责任强制保险责任限额范围内予以赔偿；不足的部分，由牵引车方和挂车方依照法律规定承担赔偿责任。

96. 哪些机构可以监管交强险业务?

在我国，机动车交通事故责任强制保险业务是受国家管制的保险业务，只有经相关监管机构批准可以开展交强险业务的保险公司才能按照规定经营交强险业务，其他未经批准的单位和个人不得从事交强险业务的经营。

根据《交强险条例》的相关规定，国务院保险监督管理机构依法对保险公司的机动车交通事故责任强制保险业务实施监督管理。除了国务院保险监督管理机构依法履行对交强险的监管职能外，公安机关交通管理部门、农业机械主管部门（以下统称机动车管理部门）也应当依法对机动车参加机动车交通事故责任强制保险的情况实施监督检查。

国务院保险监督管理机构作为交强险业务最主要的监管机构，主要负责对“准入门槛”进行监管，经国务院保险监督管理机构批准的保险公司才可以从事机动车交通事故责任强制保险业务。为了保证机动车交通事故责任强制保险制度的实行，国务院保险监督管理机构也有权要求任一保险公司从事机动车交通事故责任强制保险业务。

国务院保险监督管理机构严格把控从事交强险业务的保险公司资质及其日常管理，严格要求保险公司对交强险业务进行单独的会计核算和资金管理，以保障交强险的保险金赔付能力。

机动车管理部门则是从机动车准入的方面对交强险业务进行监管，例如对未参加机动车交通事故责任强制保险的机动车，机动车管理部门不得予以登记，机动车安全技术检验机构不得予以检验。

97. 交强险的保费标准是如何确定的？

机动车交通事故责任强制保险的保费费率是由国务院保险监督管理机构按照机动车交通事故责任强制保险业务总体上不盈利不亏损的原则审批确定的，全国从事交强险业务的保险公司在国务院保险监督管理机构的审批管理下，均实行统一的保险条款和基础保险费率。国务院保险监督管理机构作为交强险的监管机构，会在每年年底对保险公司经营交强险的业务情况进行核查，并向社会公布。根据保险公司交强险的总体盈利或者亏损情况，对调整保险费率作出相应的审批。

一般来说，不同车型的交强险保费费率是不同的，但是相同车型的保费费率则是全国统一的。影响交强险保费金额的因素主要有两个：交强险基础费率和费率浮动系数。

因此，交强险最终保险费＝交强险基础保险费 ×（1+ 与道路交通事故相联系的浮动比率）。

交强险的基础费率根据投保车辆的车型不同，可以分为40多种不同的费率标准。以我们日常生活中最常见的5种私家车为例，新车第一年按照基础保费费率缴纳交强险保费950元人民币，而不同货车车型的保费费率则根据载货量的不同各有高低。

关于影响交强险保费金额的另一重要因素——费率浮动系数，《交强险条例》第8条规定，被保险机动车没有发生道路交通安全违法行为和道路交通事故的，保险公司应当在下一年度降低其保险费率10%。在此后的年度内，被保险机动车仍然没有发生道路交通安全违法行为和道路交通事故的，保险公司应当继续降低其保险费率10%，直至最低标准。被保险机动车发生道路交通安全违法行为或者道路交通事故的，保险公司应当在下一年度提高其保险费率。多次发生道路交通安全违法行为、道路交通事故，或者发生重大道路交通事故的，保险公司应当加大提高其保险费率的幅度。但是在道路交通事故中被保险人没有过错的，不提高其保险费率。

98. 机动车购买交强险应当注意哪些问题？

机动车的所有人或管理人在为机动车投保机动车交通事故责任强制保险时，应当严格履行告知义务及保险合同规定的其他义务，以确保投保行为符合法律要求及保险公司的相关规定，保证机动车交强险合同的有效性。

首先，根据《交强险条例》第 11 条之规定，投保人投保时，应当向保险公司如实告知重要事项，即机动车交强险的投保人在投保时必须如实履行告知义务，将所投保机动车的基本情况和重要事项如实告知保险公司，使保险公司能详细掌握投保机动车的具体车况。

投保人需要如实告知的重要事项主要包括机动车的种类、厂牌型号、识别代码、牌照号码、使用性质和机动车所有人或者管理人的姓名或名称、性别、年龄、住所、身份证或者驾驶证号码、续保前该机动车发生事故的情况，由法人主体所有或管理的机动车还需要提供该法人主体的组织机构代码等信息。

其次，《交强险条例》第 12 条还规定了投保人一次性缴纳全部保费的义务。根据规定，签订机动车交通事故责任强制保险合同时，投保人应当一次支付全部保险费用。在投保人完成支付保费的义务后，保险公司应当向投保人签发保险单及保险标志。保险公司向投保人出具的保险单及保险标志会详细注明保险单号码、投保车牌的号码、保险期限、保险公司的名称、地址和理赔电话号码，保险标志也应当是符合全国统一规范的标志。

被保险人在收到保险单及保险标志后，应当在被保险机动车上放置保险标志。保险标志是机动车参保交强险的重要凭证，任何单位或者个人不得伪造、变造或者使用伪造、变造的保险单、保险标志。

最后，由于交强险的强制性特征，交强险是受国家相关机构统一统筹和监管的保险品种，保险内容也是有国家强制力干预和规定的，因此投保人在签订机动车交通事故责任强制保险合同时，不得在保险条款和保险费率之外，向保险公司提出附加其他条件的要求。

99. 保险公司解除交强险保险合同需要符合哪些条件?

机动车交通事故责任强制保险作为一种强制性保险，其本身具有重要的社会管理和保障职能，强制所有上路行驶的机动车必须投保交强险是为了更好地维护道路交通安全，使道路交通事故受害人能够得到及时有效的救治和赔偿，同时也能够减轻事故赔偿责任人的经济负担，这是交强险对投保人的强制性约束。

交强险不仅对投保人具有强制性，也对经营交强险业务的保险公司具有强制性，这种对承保人的强制性主要表现为经营交强险业务的保险公司不得拒绝投保人的投保行为，也不得随意解除与投保人订立的交强险保险合同。

《交强险条例》第 14 条第 1 款规定，保险公司不得解除机动车交通事故责任强制保险合同；但是，投保人对重要事项未履行如实告知义务的除外。通过此条规定可以看出，《交强险条例》对保险公司的合同解除权作出了非常严格的限制，除了交强险投保人未履行对重要事项的告知义务外，其他任何情况下，保险公司都不得解除与投保人已经签订的交强险保险合同。

根据《交强险条例》的规定，投保人需要如实告知保险公司的重要事项主要包括机动车的种类、厂牌型号、识别代码、牌照号码、使用性质和机动车所有人或者管理人的姓名或名称、性别、年龄、住所、身份证（组织机构代码）或者驾驶证号码、续保前该机动车发生事故的情况等信息。

如果投保人对上述重要事项的一项或几项未履行如实告知义务，保险公司在解除合同前，应当书面通知投保人，投保人应当自收到通知之日起 5 日内履行如实告知的义务；在收到通知后的 5 日内如果投保人履行了如实告知义务，弥补了之前订立合同时的瑕疵的，保险公司也不得解除合同。

也就是说，只有当投保人未如实告知保险公司上述重要事项且收到保险公司通知后仍然拒绝履行告知义务时，保险公司才能解除与投保人订立的保险合同。

100. 投保人解除交强险保险合同需要符合哪些条件？

机动车交通事故责任强制保险是一种强制性保险，根据规定，中华人民共和国境内道路上行驶的机动车的所有人或者管理人都应当依照《道路交通安全法》的规定为自己所有或所管理的机动车投保机动车交通事故责任强制保险。此外，由于交强险本身的社会管理和保障职能对道路交通事故赔偿具有非常积极的意义，因此交强险合同的稳定性必须得到保证，不能被合同双方任意解除，只有满足法定的解除情形时，投保人才可以解除与保险公司订立的交强险合同。

根据《交强险条例》第 16 条的规定，除了被保险机动车被依法注销登记、被保险机动车办理停驶或被保险机动车经公安机关证实丢失 3 种特殊情形之外，其他任何情况下投保人都不得解除已签订的机动车交通事故责任强制保险合同。

只有当被保险机动车因被盗、达到报废条件等情形发生时，确实存在被保险机动车已经依法履行注销手续或已按规定办理停驶登记，或是被保险机动车的所有人或管理人在机动车丢失后报警并已取得公安机关出具的丢失证明文件的，可以向保险公司提出解除交强险合同的要求。

根据《交强险条例》第 17 条之规定，当出现法定的 3 种合同解除情形时，保险公司应当在收到投保人的通知后办理合同解除手续。合同解除时，保险公司可以收取自保险责任开始之日起至合同解除之日止的保险费，剩余部分的保险费应当由保险公司退还给投保人。此外需要说明的是，合同解除并不影响合同有效期间内的权利义务的履行，保险公司在机动车交通事故责任强制保险合同正式解除前仍然应当按照交强险的合同条款及相关法律法规依法承担保险责任。

101. 交强险的保险期间是多久？

保险期间又称“保险期限”，通俗的解释就是保险合同的有效期，在合同有效期内，被保险车辆发生保险事故时，承保的保险公司就要对保险事故按照保险合同的约定承担赔付保险金的义务。

由于车辆保险合同也是民事合同的一种，因此一般的车辆保险合同都可以由投保人及承保人共同协商确定保险期间，但是机动车交通事故责任强制保险作为一种具有强制性及政策性的特殊车辆保险，其保险期间是全国统一并且相对固定的，无法由合同双方当事人自由约定。

根据《交强险条例》的相关规定，机动车交通事故责任强制保险的保险期间统一为 1 年，除法定的特别情形之外，无论何种地方或何种车辆的交强险合同，均应当一年一签，以 1 个自然年作为保险合同的期限。但是在以下几种特殊情形下，投保人可以向保险公司投保短期机动车交通事故责任强制保险。

1. 境外机动车临时入境的，例如持有境外牌照的机动车临时入境需要在我国境内短期行驶的车辆可以申请投保短期的交强险。

2. 机动车临时上道路行驶的，对于一些绝大多数时间在封闭的厂区等道路以外的地方行驶的机动车，有临时上路行驶需求的应当投保短期交强险。

3. 机动车距规定的报废期限不足1年的，当机动车上一年度交强险到期，下一年度内不满1年就要达到报废标准准备报废处理的机动车，可以根据距离报废的时限，签订短期的交强险合同。

依法为上路行驶的机动车投保交强险是每个车主或车辆管理人的义务，车主或车辆管理人应当注意交强险合同的有效期限，及时续保及缴纳保费。符合法定特殊情形的车主或管理人也应当根据实际情况投保短期交强险，为机动车上路行驶购买一份保障。

102. 哪些人在事故中发生人身、财产损害的，可以获得交强险的赔偿？

情景再现

老王带着妻子和孩子驾驶自己的小汽车返回老家过年。由于老王急着赶路，夜间疲劳驾驶追尾了小李驾驶的面包车，事故导致老王的妻子和前车司机小李受伤及前车车损，老王的妻子共花费了医疗费用 3 万元，小李共花费了医疗费用 2 万元，小李的车损最终确定为 8000 元。老王就妻子和小李的医疗费用共 5 万元及小李的车损 8000 元向承保其机动车交强险的保险公司提出理赔请求，保险公司在对事故进行调查后认定，对小李花费的医疗费用在交强险医疗费用责任限额 1 万元的范围内进行赔付，对小李的车损在 2000 元责任限额内予以赔付。

法律分析

从上述案例中可以看出，交强险并不是对所有在道路交通事故中发生伤亡的人员都负有保险责任，交强险的保险范围不包括被保险车辆的车上人员及被保险人本身。

《交强险条例》第 21 条第 1 款规定，被保险机动车发生道路交通事故造成本车人员、被保险人以外的受害人人身伤亡、财产损失的，由保险公司依法在机动车交通事故责任强制保险责任限额范围内予以赔偿。这个条款对交强险保险责任的人员范围进行了明确的限定。

首先，必须是被保险人及被保险机动车车上人员以外的事故受害人，才可以获得交强险的理赔。被保险人及被保险机动车的车上人员即使在事故中发生伤亡，承保该机动车交强险的保险公司也不承担保险责任，这就是上述案例中老王妻子的医疗费用无法获得交强险理赔的原因。

其次，除被保险人及被保险机动车车上人员以外的事故受害人的人身及财产损失都可以获得交强险的赔偿，但是赔偿数额仅限于交强险各赔偿项目的责任限额之内。由于全国统一的交强险医疗费用赔偿限额为1万元人民币，全国统一的财产损失赔偿限额为2000元人民币，所以上述案件中交强险对事故受害人小李的赔偿限额就是医疗费用最高1万元，财产损失最高2000元。

最后，根据《交强险条例》第21条第2款的规定，道路交通事故的损失是由受害人故意造成的，保险公司不予赔偿。因此，如果事故受害人故意制造道路交通事故，如常见的碰瓷或自杀等情况下的事故受害人是不在交强险的保险责任范围内的，交强险不予赔偿。

103. 哪些情况下，交强险理赔后保险公司可以向致害人追偿？

机动车所有人或管理人一旦为机动车投保交强险后，在保险合同有效期内发生交通事故导致除本车人员和被保险人以外的受害人人身及财产损失的，承保交强险的保险公司应当在责任限额范围内予以赔偿。无论事故责任如何分配，交强险都会作出相应的赔偿，可以说交强险的赔付门槛是很低的，但是仍然有一些特殊情形，交强险在向受害人支付保险金后有权向事故的致害人追偿，即在这些特殊情形下，交强险是享有追偿权的。

《交强险条例》第22条列举了4种交强险在履行赔付义务后可以向事故致害人追偿的情形。该条款明确规定，只要有如下4种情况中的任意一种，保险公司在机动车交通事故责任强制保险责任限额范围内垫付抢救费用后即有权向致害人追偿。

1. 驾驶人未取得驾驶资格的，主要包括事故发生时驾驶人尚未取得驾驶证、驾驶证上的准驾车型与肇事车辆不符或驾驶人的驾驶证被依法暂扣、吊销等情况。

2. 驾驶人在事故发生时系醉酒驾驶的，主要是指事故发生时驾驶人为饮酒后驾驶的状态并且血液酒精浓度达到醉酒驾驶的标准（≥80mg/100ml）。

3. 被保险机动车被盗抢期间肇事的，即事故发生时被保险机动车因被盗窃或抢劫导致车辆脱离所有人或管理人管控状态的。

4. 被保险人故意制造道路交通事故的，也就是说，如果该起道路交通事故为受害人自己故意引起的，例如碰瓷、自杀、故意制造事故骗保等情形。

上述4种特殊的交通事故发生后，承保的保险公司在为受害人垫付了抢救费用后，可以行使追偿权，向事故的致害人追偿垫付的费用。

104. 什么是道路交通事故社会救助基金？救助基金的资金来源是什么？

道路交通事故社会救助基金是指依法筹集的用于垫付机动车道路交通事故中受害人因事故伤亡产生的抢救费用及丧葬费用的社会专项基金。道路交通事故社会救助基金制度是对交强险制度的一个补充手段，当肇事人未按规定投保交强险又赔偿不能或赔偿能力不足时，救助基金可以视情况及时为受害人垫付抢救费用或丧葬费用，帮助受害人及时获得救助。道路交通事故社会救助基金是一项法定制度，《道路交通安全法》第 17 条及《交强险条例》第 25 条都对救助基金的设立及管理作出了规定。

作为对交强险制度的补充，道路交通事故社会救助基金的资金来源也与交强险业务息息相关。根据《交强险条例》第 25 条的规定，道路交通事故社会救助基金的资金主要来源于机动车所有人或管理人依法缴纳的部分交强险保费及未按规定投保交强险的罚款。具体来说，救助基金的资金绝大部分来源于以下 4 个渠道：

1. 按照机动车交通事故责任强制保险的保险费的一定比例提取的资金；

2. 公安机关交通管理部门对未按照规定投保交强险的机动车的所有人或管理人收缴的罚款；

3. 救助基金管理机构依法向道路交通事故责任人追偿的资金；

4. 救助基金产生的孳息。

道路交通事故社会救助基金制度具有重要的社会保障属性，这一制度的有序管理和运行有利于道路交通事故受害人及时获得救治和经济补偿，也能促进道路交通事故纠纷的解决效率，对建立健全道路交通事故保障体系具有重要的作用。

105. 道路交通事故社会救助基金的垫付情形有哪些？救助基金垫付的程序是怎样的？

道路交通事故社会救助基金制度作为对交强险制度的重要补充手段，当肇事人未按规定投保交强险又赔偿不能或赔偿能力不足时，救助基金就可以代替交强险及时为受害人垫付抢救费用或丧葬费用，帮助受害人及时获得救助。因此，了解救助基金在何种情形下可以垫付以及怎样对受害者的抢救费用或丧葬费用进行垫付就是理解道路交通事故社会救助基金制度的关键。

根据《交强险条例》第24条的规定，国家设立道路交通事故社会救助基金（以下简称救助基金）。当发生以下3种情形时，道路交通事故中受害人人身伤亡的丧葬费用、部分或者全部抢救费用，可以由救助基金先行垫付，在垫付之后救助基金管理机构有权向道路交通事故责任人追偿。

1. 抢救费用超过机动车交通事故责任强制保险责任限额的，为保障受害人得到及时有效的救治，救助基金可以对超过交强险限额部分的抢救费用进行垫付。

2. 肇事机动车未参加机动车交通事故责任强制保险的，无法通过交强险对抢救费用等进行赔付的，可以由救助基金作为补充手段进行垫付。

3. 机动车肇事后逃逸的，因无法立刻找到肇事车辆及事故的致害人，无法通过交强险的途径对受害人进行救助，因此只能由救助基金先行垫付。

另外，关于救助基金垫付抢救费用及丧葬费用的基本程序也是具有明确的规定的。需要救助基金垫付部分或者全部抢救费用的，公安机关交通管理部门应当在3个工作日内书面通知救助基金管理机构。救助基金管理机构在收到公安机关交通管理部门的通知或救治受害人的医疗机构的申请材料后，应当在5个工作日内进行审核，对符合垫付要求的，救助基金管理机构应当将相关费用划入医疗机构账户。

虽然医疗机构可以申请救助基金垫付抢救费用，但是在垫付资金未及时到位的情况下，根据《道路交通安全法》第 75 条的规定，医疗机构对交通事故中的受伤人员的抢救不得因抢救费用未及时支付而拖延救治。

需要救助基金垫付丧葬费用的，由受害人亲属凭公安机关交通管理部门出具的《尸体处理通知书》和本人身份证明向救助基金管理机构提出书面垫付申请。救助基金管理机构收到丧葬费用垫付申请材料后，对符合垫付要求的，应当在 3 个工作日内按照有关标准垫付丧葬费用，并书面告知处理该道路交通事故的公安机关交通管理部门。对无主或者无法确认身份的遗体，由公安部门按照有关规定处理。

106. 被保险人向保险公司申请交强险的赔付流程是怎样的？

除了交通事故发生时驾驶人未取得驾驶资格或醉酒驾驶的、被保险机动车被盗抢期间肇事的、被保险人故意制造道路交通事故的，以及上述特殊事故中给受害人造成的财产性损失的情况之外，机动车所有人或管理人一旦为机动车投保交强险，在保险合同有效期内发生交通事故导致除本车人员和被保险人以外的受害人人身及财产损失的，承保交强险的保险公司都应当在责任限额范围内予以赔偿。

根据《交强险条例》第28条及第29条的有关规定，交强险的赔付以被保险人提出申请为前提。当被保险机动车发生道路交通事故后，被保险人应当向承保交强险的保险公司提出赔偿保险金的申请。

保险公司在收到被保险人提出的赔偿申请之后，应当在1日内以书面的形式告知被保险人需要向保险公司提供的与赔偿有关的证明文件和资料。待被保险人向承保人提供所需理赔材料后，保险公司应当自收到被保险人提供的证明和资料之日起5日内，对该起交通事故是否属于交强险的保险责任这一关键性问题作出核定并将结果通知被保险人。

保险公司如果核定认为该起事故不属于交强险的保险责任的，应当书面向申请人说明理由；而经过核定认为该起事故属于交强险的保险责任的，应当积极与申请人达成赔偿保险金的协议，并在协议达成后的10日内完成保险金的赔付。

因此，机动车的所有人或管理人在向保险公司投保交强险后，应当妥善保管保险单，在道路交通事故发生后也应当对事故认定书、抢救费用单据等申请理赔所需要的证明和资料进行妥善保存，以便在保险公司通知提交材料时能够更全面地提供，更高效地获得保险赔偿。

107. 机动车未按规定投保交强险将面临怎样的处罚？

根据《道路交通安全法》和《交强险条例》等法律法规的规定，机动车所有人或管理人应当为上路行驶的机动车投保交强险，这就是交强险作为强制保险的重要表现。机动车若要在中华人民共和国境内上道路行驶，就有投保交强险的法定义务，所有机动车所有人和管理人都应当严格履行投保义务，否则轻则面临罚款及扣留车辆的行政处罚，重则甚至面临刑事处罚。

日常生活中有几类典型的不按规定投保交强险的行为，例如，未给上路行驶的机动车投保交强险或上一年度交强险到期后未及时办理续保的，未按规定在上路行驶的机动车相应位置放置保险标志或保险标志过期的，在车上放置的保险标志是伪造、变造或借用、盗用其他机动车保险标志等，都将面临不同程度的处罚。

《交强险条例》第 38 条、第 39 条、第 40 条对机动车未按规定投保交强险应当给予的处罚作出了明确的规定。其中，机动车所有人、管理人未按照规定投保机动车交通事故责任强制保险包括上一年度保险到期但未按规定续保的，由公安机关交通管理部门扣留机动车，并通知机动车所有人、管理人依照规定投保，除扣留车辆外，依照规定还应当按投保最低责任限额应缴纳的保险费的2倍对机动车的所有人或管理人处以罚款。如果机动车所有人、管理人依照规定及时补办机动车交通事故责任强制保险的，公安机关交通管理部门应当及时退还机动车。

上道路行驶的机动车未按规定放置保险标志的，由公安机关交通管理部门扣留机动车并通知当事人提供保险标志或者补办相应手续，公安机关交通管理部门还可以对当事人处警告或者20元以上200元以下的罚款。若当事人及时提供保险标志或者补办相应手续的，公安机关交通管理部门应当及时退还机动车。

上道路行驶的机动车伪造、变造或者使用伪造、变造的保险标志，或者使用其他机动车的保险标志，由公安机关交通管理部门对虚假保险标志予以收缴并扣留该机动车，公安机关交通管理部门视情况还可以对当事人处200元以上2000元以下罚款。情节严重构成犯罪的，将对当事人依法追究刑事责任。若当事人提供相应的合法证明或者补办相应手续的，公安机关交通管理部门应当及时退还机动车。

108. 交强险对受害人的赔偿包括哪些项目？它们的责任限额分别是多少？

机动车交通事故责任强制保险的一个重要特征是其具有固定的保险理赔责任限额，且这个责任限额的标准是全国统一的，也是由交强险的主要监管机构国务院保险监督管理机构会同国务院公安部门、国务院卫生主管部门、国务院农业主管部门共同规定的，因此交强险的责任限额也是具有强制性的。

《交强险条例》第 23 条第 1 款规定，机动车交通事故责任强制保险在全国范围内实行统一的责任限额。责任限额分为死亡伤残赔偿限额、医疗费用赔偿限额、财产损失赔偿限额以及被保险人在道路交通事故中无责任的赔偿限额。

其中，死亡伤残赔偿限额是指被保险机动车发生交通事故后，保险公司对该次保险事故中所有受害人的死亡伤残费用总计能赔付的最高赔偿金额。交强险范围内赔付的死亡伤残费用主要包括丧葬费、死亡赔偿金、残疾赔偿金等费用。根据 2008 年 2 月 1 日以后实施的交强险责任限额的有关规定，全国统一的交强险死亡伤残赔偿限额为 11 万元人民币。

医疗费用赔偿限额是指被保险机动车发生交通事故后，保险公司对该次保险事故所有受害人的医疗费用总计能赔付的最高赔偿金额。交强险范围内赔付的医疗费用主要包括医药费、住院费、整容费、后续治疗费和营养费等。根据 2008 年 2 月 1 日以后实施的交强险责任限额的有关规定，全国统一的交强险医疗费用赔偿限额为 1 万元人民币。

财产损失赔偿限额是指被保险机动车发生交通事故后，保险公司对该次保险事故所有受害人的财产损失，例如车辆维修费等所能承担的最高赔偿金额。根据2008年2月1日以后实施的交强险责任限额的有关规定，全国统一的交强险财产损失赔偿限额为2000元人民币。

被保险人无责任的赔偿限额是指在交通事故中，被保险人及被保险车辆在事故中不承担任何责任，但由于特定原因仍要对伤者承担一定赔偿费用时的赔偿限额。例如，机动车撞伤行人，虽然交警部门认定机动车方无责，但由于机动车的交通强势地位，仍要对受伤行人支付一定的赔偿金。在这类被保险人无责的情况下，交强险的各项赔付限额与被保险人有责时是不一样的。根据2008年2月1日以后实施的交强险责任限额的有关规定，被保险人无责任的赔偿限额为死亡伤残赔偿金最高可赔付11000元人民币，医疗费用赔偿金最高可赔付1000元人民币，而财产损失赔偿金最高只可赔付100元人民币。

109. 交强险有哪些免赔情形？

机动车交通事故责任强制保险是一种具有社会保障性质的保险，这一保险制度设立之初就不是为了营利而运营的，其目的是保障事故受害人得到更好的救助且减轻赔偿责任人的经济负担，因此，交强险的赔付要求较低，绝大多数交通事故都可以得到赔付。

根据规定，机动车所有人或管理人一旦为机动车投保交强险，在保险合同有效期内发生交通事故导致除本车人员和被保险人以外的受害人人身及财产损失的，承保交强险的保险公司应当在责任限额范围内予以赔偿。但是，交强险的赔付也不是完全无条件的，在某些特定情形下，保险公司可以完全豁免赔付责任，无须支付或垫付任何赔偿金。

根据《交强险条例》第22条的规定，当事故发生时驾驶人未取得驾驶资格或醉酒驾驶，肇事机动车在发生事故时为被盗抢状态或是被保险人故意制造交通事故的情况下，如果给受害人造成了财产性的损失，由于财产性损失并非像人身伤亡那样具有抢救的急迫性，因此也不需要保险公司发挥保障功能为受害人的财产损失垫付赔偿金，因而承保交强险的保险公司对事故造成的财产性损失是不承担任何赔付责任的。

根据《机动车交通事故责任强制保险费率方案》第10条的规定，下列情况中的损失和费用，交强险是不负责赔偿和垫付的：

1. 被保险人所有的财产及被保险机动车上的财产遭受的损失；

2. 被保险机动车发生交通事故，致使受害人停业、停驶、停电、停水、停气、停产、通信或者网络中断、数据丢失、电压变化等造成的损失以及受害人财产因市场价格变动造成的贬值、修理后因价值降低造成的损失等其他各种间接损失；

3. 因交通事故产生的仲裁或者诉讼费用以及其他相关费用。

110. 被保险人申请交强险理赔一般需要提供哪些证明和资料?

机动车所有人、管理人在为机动车投保交强险后，在保险合同有效期内发生交通事故导致除本车人员和被保险人以外的受害人人身及财产损失的，承保人应当在责任限额范围内予以赔偿。交强险的理赔需要被保险人主动通知保险公司并提出赔偿保险金的申请，收到赔偿保险金的申请之后，保险公司应当明确并完整告知被保险人应当提交的用于理赔的证明和资料。

由于交强险业务在全国的开展和运营标准相对统一，各保险公司要求申请人提供的证明和资料也相对统一，主要包括以下几类：

1. 交强险的保险单或保险单正本的复印件；

2. 被保险人根据保险公司模板填写的索赔申请书；

3. 被保险人和受害人的身份证明类文件，一般包括被保险人及受害人的身份证或居民户口簿、被保险机动车行驶证和驾驶人的驾驶证等；

4. 公安机关交通管理部门出具的《交通事故认定书》等事故证明文件或人民法院等裁判机构出具的有关法律文书及其他证明；

5. 如果被保险人根据有关法律法规规定与受害人以自行协商方式处理交通事故的，应当提供依照《交通事故处理程序规定》记录交通事故情况的相关协议书；

6. 申请医疗费用、死亡伤残赔偿的，应当提供县级以上医院出具的诊断证明、鉴定机构出具的人身伤残程度证明、死亡证明以及有关医疗费用报销凭证；

7. 申请财产损失赔偿的，还应当提供受害人财产损失清单、财产损失照片及财产损失修理费用清单等证明材料；

8. 承保人要求的其他与确认保险事故的性质、原因、损失程度等有关的证明和资料。

111. 饮酒后驾驶机动车发生交通事故对交强险的保费及理赔会产生哪些影响？

机动车驾驶人饮酒后驾车是违法的，达到醉酒驾驶的标准甚至会面临刑事处罚。除违法处罚外，机动车交通事故责任强制保险的保费费率及保险责任也会因为“喝酒开车”的行为受到影响。

首先，饮酒后驾驶、醉酒后驾驶的违法行为会导致被保险车辆的保险费费率上浮。根据交强险监管机构出台的相应规章规定，每次饮酒后驾驶机动车的行为可使交强险保费费率在下一年度的基础费率之上上浮10%~15%；每次醉酒后驾驶机动车的行为可使交强险保费费率在下一年度的基础费率之上上浮20%~30%；有多次饮酒或醉酒后驾驶机动车行为的累计上浮率不超过60%。

其次，饮酒后驾驶导致驾驶人的血液酒精浓度达到醉酒驾驶标准的，交强险则免予承担保险责任。根据《交强险条例》第22条的规定，有下列情形之一的，保险公司在机动车交通事故责任强制保险责任限额范围内垫付抢救费用，并有权向致害人追偿：驾驶人未取得驾驶资格或者醉酒的；被保险机动车被盗抢期间肇事的；被保险人故意制造道路交通事故的。由此可见，醉酒驾驶状态下肇事的，保险公司在交强险责任限额范围内垫付抢救费用后有权向醉驾肇事者追偿垫付的费用，从而免除对醉驾事故的保险责任。

聚会宴请时饮酒作为传统民俗在我们的日常生活中非常普遍，但"喝酒不开车，开车不喝酒"是遵守法律、尊重生命必须要践行的口号，为了自身和他人的生命财产安全，每一位机动车驾驶人都必须杜绝饮酒后驾车的行为，做文明守法的驾驶人。

112. 驾驶人"无证驾驶"发生机动车交通事故，交强险还会赔偿吗？

根据我国相关法律法规，驾驶人驾驶机动车必须依法取得公安机关交通管理部门核发的机动车驾驶证，并严格依据驾驶证上的准驾车型进行驾驶。通过非法途径取得驾驶证或不按准驾车型驾驶机动车都是违法的“无证驾驶”行为。当驾驶人“无证驾驶”机动车发生交通事故时，交强险则会依据事故损害的不同类型有区别地承担赔偿责任。

《道路交通损害赔偿司法解释》第18条规定，驾驶人未取得驾驶资格或者未取得相应驾驶资格，导致第三人人身损害，当事人请求保险公司在交强险责任限额范围内予以赔偿，人民法院应予支持。由此可见，机动车驾驶人“无证驾驶”造成人身损害时，可以请求交强险在人身损害赔偿的限额内对受害人进行赔偿。

不同于对受害人人身损害的赔偿，交强险对“无证驾驶”造成的财产损失是不承担赔偿责任的。《交强险条例》第22条规定，驾驶人未取得驾驶资格，发生道路交通事故的，保险公司在机动车交通事故责任强制保险责任限额范围内垫付抢救费用，造成受害人财产损失的，保险公司不承担赔偿责任。因此，交强险对于“无证驾驶”给受害人造成的财产损失是免除赔偿责任的。

驾驶人“无证驾驶”发生机动车交通事故，交强险对受害人的人身损害给予赔偿，对受害人的财产损失不予赔偿。机动车交通事故责任强制保险的设立宗旨是保障道路交通事故的受害人及时有效地获得经济救济和医疗救治，减轻交通事故责任方的赔偿负担，最大限度地保障道路交通安全和社会稳定。因此，在同时考量驾驶人“无证驾驶”的过错及受害人遭受的损失之下，交强险通过先行垫付抢救费用，对受害人的人身损害进行赔偿来救济受害者，同时法律还保留了保险公司向受害者支付赔偿金后向肇事人追偿的权利。

113. 机动车未按规定投保交强险，发生机动车交通事故时如何赔偿？

情景再现

小刘驾驶自家的小汽车上班，途中撞伤了横穿马路的行人小严。小严受伤后被送往附近的医院救治，在医院住院治疗20天后伤势逐渐恢复，经医生同意出院回家。回家后，小严越想越生气，这次车祸受伤不仅吃尽了治疗的苦头，还耽误了正常工作，因此小严将小刘告上法庭，要求小刘赔偿此次车祸给自己造成的损失。

法院在审理过程中查明，事故发生时，小刘驾驶的小汽车未按规定投保交强险，且根据公安机关交通管理部门出具的《道路交通事故认定书》，在本次交通事故中，小刘和小严均存在过错，双方应按 8：2 的比例承担事故责任。此外，结合司法鉴定机构的伤情鉴定和当地赔偿标准，此次交通事故中小刘对小严造成的损失约为 20 万元，其中交强险范围内可赔偿的金额为 17.8 万元。

法律分析

《交强险条例》第 2 条第 1 款规定，在中华人民共和国境内道路上行驶的机动车的所有人或者管理人，应当依照《道路交通安全法》的规定投保机动车交通事故责任强制保险。同时，《交强险条例》第 21 条第 1 款规定，被保险机动车发生道路交通事故造成本车人员、被保险人以外的受害人人身伤亡、财产损失的，由保险公司依法在机动车交通事故责任强制保险责任限额范围内予以赔偿。

由此可见，交强险作为一种强制保险，所有上路行驶的机动车必须依照《道路交通安全法》及《交强险条例》的规定投保交强险，没有依照国家规定购买交强险的机动车，一旦发生交通事故造成人身伤亡、财产损失的，必须由交强险的投保义务人在交强险责任范围内予以赔偿。

案例中的小刘未按规定为驾驶的小汽车投保交强险，违反了法律法规的强制性规定，存在过错。若小刘驾驶的小汽车在发生事故时是按照规定投保了交强险的，那么依据《交强险条例》第21条第1款之规定，保险公司应当就17.8万元对小严承担赔偿责任，但由于未按规定购买交强险，导致小严不能从保险公司获得该部分赔偿，因此小刘本人须对17.8万元承担全部赔偿责任。超出交强险责任范围的部分，事故双方再按事故责任的大小划分赔偿比例。在上述案件中，超出交强险赔偿范围的2.2万元，由小刘对其中的80%部分即1.76万元承担责任，对小严进行赔偿。

小刘的经历提醒我们，依法为上路行驶的机动车投保机动车交通事故责任强制保险是每个机动车主应尽的义务，切莫因为舍不得支付“小钱”，而在意外来临时使悲剧“放大”。

114. 机动车肇事后逃逸的，能否获得交强险的赔付？

情景再现

王小毛于年前用外出务工挣得的积蓄购置了一辆面包车，并按规定为面包车投保了机动车交通事故责任强制保险。正月里，亲朋好友纷纷到王小毛家做客拜年，刚买了新车的小毛热情地表示要送各位拜年的亲朋好友回家。驾驶面包车行驶至县城一个十字路口时，王小毛因忙于跟坐在副驾驶的亲戚聊天，没有注意往来车辆，撞上了一名骑自行车的女孩媛媛，事故导致媛媛重伤并经鉴定为5级伤残。事故发生后，王小毛慌张地驾车逃离了事故现场，但十字路口的摄像头拍摄到了王小毛驾驶的面包车的车牌号，从而锁定了事故的肇事车辆。

法律分析

上述案例中，王小毛的行为属于典型的肇事后逃逸的违法行为，机动车存在肇事后逃逸情形的，应当承担全部的事故责任，加之受害人媛媛在事故中不存在明显的过错，因此肇事司机王小毛对该起交通事故承担全部责任。

由于王小毛的面包车投保了交强险，根据《民法典》第1216条的规定，机动车驾驶人发生交通事故后逃逸，该机动车参加强制保险的，由保险人在机动车强制保险责任限额范围内予以赔偿。

从《民法典》的规定可以看出，被保险车辆肇事后逃逸的情形并不是交强险可以免除保险责任的法定理由，在可以确定肇事逃逸车辆身份的情况下，只要逃逸车辆按照规定投保了交强险，那么交强险就必须在机动车强制保险责任限额范围内予以赔偿，超出责任限额部分的赔偿再由事故责任人王小毛承担。

上述案例中，王小毛虽然肇事逃逸，但交管部门仍然确定了肇事车辆。然而，现实生活中还有许多肇事车辆逃逸后无法确定其身份或肇事逃逸车辆未参加交强险的情形，《民法典》第

1216条对这类事故的赔偿也作出了规定，机动车不明、该机动车未参加强制保险或者抢救费用超过机动车交通事故责任强制保险责任限额，需要支付被侵权人人身伤亡的抢救、丧葬等费用的，由救助基金垫付。

救助基金作为交强险制度的重要补充手段，在不能及时查明肇事车辆及事故责任人或肇事车辆无法及时通过交强险对受害人的抢救费用、丧葬费用等人身损害进行补偿的情况下，可以对事故受害人的抢救、丧葬等费用进行垫付，以保证事故受害人的人身损害能够得到及时的救助。

需要说明的是，救助基金对受害人人身损害的补偿只是一个垫付的义务，在救助基金垫付了受害人的抢救、丧葬等费用后，其管理机构有权向交通事故责任人追偿。

115. 同一起道路交通事故中有多名受害人的，交强险应当如何赔偿？

情景再现

苏大强对退休后的生活感到无聊，于是经常带着老伴儿驾驶自家的小汽车与三五好友一起去邻市的水库钓鱼。5月的一天，因大雾天气导致能见度不高，但是苏大强还是与好友相约去钓鱼，结果在国道上撞上了对向车道正常行驶的王某的小轿车。在撞上小轿车后，苏大强急打方向盘又撞上了正常驾驶摩托车行驶的小李。王某和小李均在事故中受伤，后经法院查明，事故给王某造成医疗费用 2 万元及财产损失 5000 元，给小李造成医疗费用 3 万元及财产损失 5000 元。王某出院后将苏大强及承保肇事机动车交强险的保险公司告上法庭，要求保险公司在责任限额范围内赔偿自己在事故中的损失，不足部分由苏大强承担赔偿责任。听说此事的小李觉得自己也应当获得交强险的赔偿，于是对保险公司及苏大强向法院提起诉讼。

法律分析

上述案例中，一起事故造成两位受害人的人身及财产损害，且两位受害人均要求交强险在责任限额范围内对自己的损害承担保险责任，但是根据交强险制度，这样的要求是保险公司无法满足的。交强险以机动车为投保标的，一车一险，每次出现的赔偿额度最高即为交强险的责任限额。

无论在一起事故中存在多少个受害人，对于交强险来说仍然属于一次保险事故，其责任限额最高即为一次保险事故的责任限额上限。因此在上述案例中，承保肇事车辆交强险的保险公司对受害人王某及受害人小李的赔偿总额以交强险的责任限额为上限。

根据《道路交通事故损害赔偿案件司法解释》第 22 条的规

定，同一交通事故的多个被侵权人同时起诉的，人民法院应当按照各被侵权人的损失比例确定交强险的赔偿数额。也就是说，王某和小李虽然同时起诉要求交强险的赔偿，但是交强险对两位受害人的赔偿数额要以两位受害人的损失比例来确定。

例如，上述案例中，王某和小李的医疗费用共计 5 万元，其中王某所占比例为 40%，小李所占比例为 60%，而交强险中医疗费用的责任限额为 1 万元，因此王某可以获得的交强险医疗费用赔偿为 4000 元，小李可以获得的交强险医疗费用赔偿则为 6000 元。超过交强险责任限额部分的损失，则由侵权人苏大强自行承担。

116. 机动车未投保交强险，肇事后如何对受害人进行赔偿?

根据《道路交通安全法》和《交强险条例》等法律法规的规定，机动车所有人或管理人为自己所有或管理的上路行驶的机动车投保交强险是一项法定义务。所有机动车所有人和管理人都应当严格履行对交强险的投保义务，否则轻则面临罚款及扣留车辆的行政处罚，重则甚至面临刑事处罚。尽管如此，在许多道路交通事故中，肇事车辆依然未按规定投保交强险，导致事故发生后赔偿责任人面临巨大的赔偿压力，而事故受害人也无法获得及时有效的救治和经济保障。

对于此类肇事车辆未按规定履行交强险投保义务的道路交通事故，《道路交通事故损害赔偿案件司法解释》第 19 条规定，未依法投保交强险的机动车发生交通事故造成损害，当事人请求投保义务人在交强险责任限额范围内予以赔偿的，人民法院应予支持。投保义务人和侵权人不是同一人，当事人请求投保义务人和侵权人在交强险责任限额范围内承担连带责任的，人民法院应予支持。因此，未按规定投保交强险的车辆肇事后，受害人有权要求肇事车辆的所有人或管理人（即投保义务人）在交强险责任限额范围内对自己的各项损失承担赔偿责任。同时，如果事故侵权人不是投保义务人本人的，受害人也可以要求侵权人与投保义务人一起对自己在事故中的各项损失在交强险责任限额范围内承担连带赔偿责任，以此增加获得损害赔偿的保障。

另外，为保障受害人在事故中遭受的人身损害能够得到及时有效的救助，根据《交强险条例》第 24 条的规定，国家设立救助基金。当肇事机动车未参加机动车交通事故责任强制保险，无法通过交强险对抢救费用等进行赔付的，受害人人身伤亡的丧葬费用、部分或者全部抢救费用可以先由救助基金作为补充手段进行垫付，但是救助基金在对上述费用进行垫付之后，救助基金管理机构仍然有权向交强险的投保义务人或该起交通事故的实际侵权人就垫付的资金进行追偿。

117. 多辆机动车发生交通事故造成第三人损害的，交强险应如何进行赔偿？

情景再现

苏小强喜欢在节假日去所在城市周边进行自驾游。一天，苏小强带着妻子和孩子一家三口驾驶私家车与好友一起去邻市的森林公园郊游，结果在高速公路上与其他3辆小轿车发生连环追尾事故，事故中，不仅4辆车的车主及车上人员均不同程度受伤，还导致驾驶摩托车的大刘因重伤抢救无效死亡，并在抢救医院产生了5万元的抢救费用。事后经承办案件的交警查明，大刘的死亡后果系4辆机动车共同导致，由4辆机动车各承担25%的事故责任。

由于4辆肇事机动车均按规定投保了交强险，于是大刘的近亲属将4辆肇事机动车的交强险承保人均告上了法庭，要求各保险公司在各自的责任限额范围内，根据各车辆应当承担的赔偿比例对事故受害人的近亲属进行赔偿。

法律分析

上述案例属于典型的由多辆机动车发生交通事故共同造成第

三人损害的案件，且每辆肇事机动车均按规定投保了交强险。关于这类案件的赔偿金额及赔偿比例问题，《道路交通事故损害赔偿案件司法解释》第 21 条第 1 款作出了明确的规定。当多辆机动车发生交通事故共同造成第三人损害时，如果事故受害人的损失总额超出各机动车交强险责任限额之和的，由各保险公司在各自责任限额范围内承担赔偿责任。如果事故受害人的损失总额未超出各机动车交强险责任限额之和的，当事人可以请求由各保险公司按照其责任限额与责任限额之和的比例承担赔偿责任。

因此，以上述案例中大刘的抢救费用为例，4 辆肇事机动车的交强险保险人应当分别在 1 万元的责任限额内对大刘的损失进行赔偿。由于共计 4 万元的赔偿金额小于实际发生的 5 万元抢救费用，因此超出各机动车交强险责任限额之和部分的 1 万元，由 4 个侵权人再按责任比例进行分担。

118. 分别投保交强险的牵引车和挂车连接使用时发生交通事故，交强险如何赔偿？

情景再现

小毛是一名大货车司机，同时也是一辆重型半挂牵引车（以下简称牵引车）及一辆厢式重型半挂车（以下简称挂车）的车辆所有人有运货任务时，小毛总是将牵引车与挂车连接使用。按照法律规定，小毛为自己的牵引车及挂车分别在两家不同的保险公司投保了交强险。某次小毛驾驶牵引车与挂车运送货物的途中，与驾驶摩托车的王明发生碰撞，事故导致王明抢救无效死亡。

经公安机关交通管理部门认定，小毛与王明在本次事故中承担同等责任。

王明死亡后，其近亲属将小毛及牵引车及挂车的交强险承保公司告上法庭，要求牵引车及挂车的交强险保险人分别在交强险责任限额范围内承担保险责任。

为此，两家保险公司与王明的近亲属发生了争执，牵引车的保险公司与挂车的保险公司都认为本次事故中唯一的受害人王明可以获得的赔偿金应当仅限于一份交强险的责任限额范围内，而不是由两家公司分别在责任限额范围内给予赔偿，而王明的近亲属则认为既然牵引车和挂车分别投保了交强险，那么受害人自然有权获得两份交强险的赔偿。

法律分析

上述案例中受害人近亲属与牵引车及挂车的交强险承保人之间的争议焦点其实是当分别投保了交强险的牵引车与挂车连接使用发生交通事故时，事故受害人可以获得的交强险赔付金额是一份交强险的限额还是两份交强险的限额之和。关于这个争议，《道路交通事故损害赔偿案件司法解释》第21条第2款作出了明确的规定，依法分别投保交强险的牵引车和挂车连接使用时发生交通事故造成第三人损害的，当事人请求由各保险公司在各自的责任限额范围内平均赔偿的，人民法院应予支持。

基于《道路交通事故损害赔偿案件司法解释》的相关规定可以看出，交强险作为一种强制责任保险，其功能定位即是最大限度地保障事故受害人的权益，因此当分别投保了交强险的牵引车与挂车连接使用时，交强险的赔偿限额为牵引车与挂车两份交强险的限额之和。当事故受害人的损失大于两份交强险限额之和的，两份交强险都应当以最大限额对受害人进行赔付；当事故受害人的损失小于两份交强险限额之和的，受害人可以请求其中之一进行赔付，也可以请求两份交强险平均赔付，这样的制度安排充分保障了受害人得到最大限度的赔偿。

119. 机动车的投保人被自己所有或管理的机动车撞伤或撞死的，交强险是否对投保人进行赔偿？

通过《交强险条例》第21条规定的“被保险机动车发生道路交通事故造成本车人员、被保险人以外的受害人人身伤亡、财产损失的，由保险公司依法在机动车交通事故责任强制保险责任限额范围内予以赔偿”这个条款，我们已经解释过，必须是被保险人或被保险车辆的车上人员以外的第三人因道路交通事故遭受损害，才可以获得交强险的理赔。

但是，由于日常生活中存在着许多投保人自己未驾驶被保险车辆，而是允许或授权他人驾驶被保险车辆的情况，在车辆的所有人与驾驶人不一致的情形下，被保险人就不是投保人本身而是实际驾驶被保险车辆的人员。因为在现实生活中往往存在着投保人允许的驾驶人驾驶着被保险车辆把投保人撞伤或撞死的情形，这类“自己被自己的车撞了”的交通事故，投保人是否属于“被保险人”的范畴？投保人能否获得交强险的赔偿呢？

根据《道路交通事故损害赔偿案件司法解释》第17条的规定，投保人允许的驾驶人驾驶机动车致使投保人遭受损害的，当事人请求承保交强险的保险公司在责任限额范围内予以赔偿的，人民法院应予支持，但投保人为本车上人员的除外。通过《道路交通事故损害赔偿案件司法解释》第17条的规定可以看出，投保人被自己所有或管理的机动车撞至伤亡的，在符合法律规定的条件下，是可以获得交强险的赔偿的。

首先，因事故遭受损害的投保人要想获得交强险的赔偿，事故发生时驾驶被保险车辆的驾驶人必须是投保人允许的驾驶人，如果事故发生时驾驶车辆的不是投保人允许的驾驶人，例如他人盗窃或擅自使用了投保人所有或管理的车辆导致投保人因事故遭受损害的，交强险就不予赔偿。而投保人允许的驾驶人可以包括被保险车辆的承租人、借用人或与投保人形成劳动关系、劳务关系的工作人员以及其他投保人允许驾驶的人。

其次，因事故遭受损害的投保人要想获得交强险的赔偿，事故发生时投保人必须不在被保险车辆上。由于交强险是第三者责任保险，是对被保险车辆车上人员以外的第三人因事故遭受损害的保险，因此事故发生时投保人必须是在车外遭受损害才能作为车外第三人得到交强险的赔偿。

120. 保险公司拒绝承保的机动车肇事导致第三人损害的，投保义务人是否可以要求保险公司赔偿？

交强险作为强制性保险，其运营是不以营利为目的的，加之交强险的赔偿责任是不以被保险人在事故中有无责任作为判断依据的，因此保险公司在从事交强险业务时面临保险责任重、无法有效盈利等现实问题，导致一些具有从事交强险业务资格的保险公司不愿意或不积极接受交强险投保，在没有正当理由的情况下违法拒绝或恶意拖延投保人的投保请求。当投保人所有或管理的车辆被拒绝或拖延投保时发生交通事故造成第三人损害的，事故车辆没有交强险的保障，赔偿压力无疑是很大的。

针对此类投保人的投保请求被违法拒绝或恶意拖延的情形

下发生的交通事故，《道路交通事故损害赔偿案件司法解释》第20条规定，具有从事交强险业务资格的保险公司违法拒绝承保、拖延承保或者违法解除交强险合同，投保义务人在向第三人承担赔偿责任后，请求该保险公司在交强险责任限额范围内承担相应赔偿责任的，人民法院应予支持。

从《道路交通事故损害赔偿案件司法解释》第20条的规定可以看出，在符合特定条件的情况下，被违法拒绝承保、拖延承保或者违法解除交强险合同的车辆一旦发生交通事故造成第三人损害的，是可以请求保险公司承担赔偿责任的。

违法拒绝承保、拖延承保或者违法解除交强险合同的保险公司必须是具有从事交强险业务资格的保险公司。交强险是受保险业监督管理机构严格监管的险种，只有经监管机构审批的具有从事交强险业务资格的保险公司才能接受投保人的投保请求。

保险公司拒绝承保、拖延承保或者与投保人解除交强险合同必须是有合法理由的。被保险业监督管理部门确定为从事交强险业务的保险公司，对机动车辆投保交强险的请求不得拒绝，在投保人已按规定提交投保交强险所需要的资料后，保险公司也不得恶意拖延受理。

根据《交强险条例》第14条的规定，保险公司只有在投保人对重要事项未履行如实告知义务的情况下，才能解除交强险合同。因此，保险公司在没有正当理由的情况下拒绝承保、拖延承保或擅自解除交强险合同都是违法的。

由于事故车辆在事发时是没有交强险保障的，因此投保义务人只能先行履行对第三人的赔偿责任。在向第三人承担赔偿责任后，投保人才能向交强险保险公司索赔。

投保人要求交强险保险公司赔偿的数额限定在交强险的责任限额范围之内。由于交强险对于保险车辆的赔偿责任只限于其责任限额范围之内，因此投保义务人的追偿权也应当以交强险的责任限额为限。

121. 机动车所有权变动但交强险合同未办理变更的，发生交通事故后保险公司是否赔偿?

情景再现

隋某购买了其朋友赵某的小轿车，只办理了车辆所有权转移手续，而未对交强险合同办理变更手续。在赵某将小轿车交付给隋某后，隋某驾驶车辆在市区的十字路口撞伤了正常过马路的行人小王。

事故发生后，隋某请求承保其车辆交强险的保险公司承担保险责任，但遭到保险公司的拒绝。

保险公司告知隋某，由于交强险是赵某投保的，保险公司未收到赵某及隋某提出的变更保险合同投保人及相关信息的申请，因此无法按照隋某的请求履行保险义务。

无奈之下，隋某只得将承包其车辆交强险的保险公司告上法庭。

法律分析

在上述案例中，保险公司拒绝对隋某的车辆履行保险责任的理由是该车辆在保险期间内变更了车辆所有人而未到保险公司办理交强险合同的变更手续。针对保险公司此类拒绝承担交强险保险责任的理由，《道路交通事故损害赔偿案件司法解释》第23条第1款规定，机动车所有权在交强险合同有效期内发生变动，保险公司在交通事故发生后，以该机动车未办理交强险合同变更手续为由主张免除赔偿责任的，人民法院不予支持。

因此，根据《道路交通事故损害赔偿案件司法解释》第23条第1款的规定，被保险机动车在交强险合同有效期内发生所有权变动的，即使新所有权人未及时到保险公司办理保险合同变更手续的，也不能免除保险公司对被保险车辆的保险责任。被保险车辆在该交强险合同有效期内发生交通事故的，保险公司不得以该机动车未办理交强险合同变更手续为由拒绝赔偿。所以，在上述案件中，保险公司拒绝隋某的赔偿请求是没有法律依据的，保险公司应当在交强险的责任限额范围内承担保险责任，对事故受害人的各项损失进行赔偿。

122. 机动车所有人擅自改装车辆发生交通事故的，交强险是否承担保险责任？

情景再现

赵强是一名机车爱好车。在购买了一辆二轮摩托车并按规定投保了交强险后，赵某将摩托车送到修理厂对车辆的发动机等部位进行了改造。某日，赵强驾驶着改造后的爱车与好友一起前往郊区试车，在驾驶途中因操作不当撞伤了行人小李。

事故发生后，赵强向交强险保险公司提出理赔申请，经保险公司审查，赵强对肇事摩托车进行了改造，改造后的车辆车速明显提升，驾驶难度增大，安全性下降，因此保险公司以赵强擅自改装被保险车辆为由拒绝履行保险义务。争执不下的双方只得将纠纷提请人民法院审理。

法律分析

关于上述案例中保险公司提出的投保人擅自改装被保险车辆因此拒绝履行保险责任的问题，《道路交通事故损害赔偿案件司法解释》第23条第2款规定，机动车在交强险合同有效期内发生改装、使用性质改变等导致危险程度增加的情形，发生交通事故后，当事人请求保险公司在责任限额范围内予以赔偿的，人民法院应予支持。

案例中保险公司以赵强擅自改装被保险车辆为由拒绝履行保险义务是没有合法依据的，尽管赵强擅自改装车辆的情形使被保险车辆的危险程度增加，发生保险事故的可能性增大，但是承保交强险的保险公司依然应当在责任限额范围内对事故受害人进行赔偿。

此外，虽然被保险机动车改装后发生交通事故并不影响交强险的赔偿责任承担，但根据《道路交通事故损害赔偿案件司法解释》第23条第3款的规定，机动车在交强险合同有效期内发生改装、使用性质改变等导致危险程度增加的情形下发生交通事故由保险公司承担赔偿责任后，保险公司另行起诉请求投保义务人按照重新核定后的保险费标准补足当期保险费的，人民法院应予支持。

也就是说，机动车发生改装等导致危险程度增加的情形，虽然不影响保险公司的责任承担，但是会影响交强险合同内容的变更，即保费的增加，承保交强险的保险公司有权提高该保险合同的保费费率并要求投保人对提高的保费进行补足。

123. 什么是汽车商业保险？汽车商业保险都包含哪些保险种类？

汽车商业保险就是机动车辆商业险，是与机动车交通事故责任强制保险相对的险种及概念。汽车商业保险实质上是一种非强制性保险，是机动车的所有人或管理人在按规定投保了强制性的机动车交强险后，可以自愿选择是否购买的一类保险。

从性质上看，汽车商业保险是一种非强制性的、由投保人自愿选择保险费率及保险范围的保险类型。同一车型的机动车投保汽车商业保险会由于投保人的保险需求不同而产生不同的保险费率，保险公司所对应的保险责任也各有大小，这与机动车交强险制度中各个车型的基础保费费率一致的规定是不同的，因此汽车商业保险赋予投保人及保险人更多的自主决定权，更具有市场特征。

从经营目的来看，交强险业务的运营是不以营利为目的的，因此交强险的保费费率也是由保险业监督管理机构在不亏不盈的基础上确定的全国统一标准，交强险制度的目的和宗旨也具有更多的社会保障特征。相对的，汽车商业保险是保险公司的盈利业务，商业保险的保费费率考虑了更多的盈利性因素，也根据保险费率及保险范围设置了更多的可供投保人选择的组合。

从概念上来看，汽车商业保险是一个集合性的概念，是多种商业保险的统称。汽车商业保险一般包括车辆损失险、商业第三者责任险、盗抢险、车上人员责任险等。

一般来说，各保险公司的汽车商业保险分为基本险和附加险两大类，其中基本险主要包括车辆损失险、全车盗抢险、车上人员责任险以及商业第三者责任险四种，而附加险则包括车身划痕险、玻璃单独破碎险、自燃险、不计免赔险等。附加险顾名思义是在基本险的基础上附加的险种，因此一般不能独立投保，必须首先投保基本险，然后再在基本险的基础上对相应的附加险进行投保。

124. 什么是第三者商业责任险？

第三者商业责任险又称“第三者责任险”，是指被保险人或其允许的合法驾驶人员在使用被保险车辆过程中发生意外事故，致使第三者遭受人身伤亡或直接财产损失，依法应当由被保险人承担事故赔偿责任的情况下，保险公司基于保险责任负责赔偿的一种保险。

在机动车交通事故责任强制保险制度出台之前，我国大部分地区将第三者责任险作为机动车挂牌年检上路行驶的必要条件，不投保第三者责任险的机动车无法合法地上路行驶。因此，在交强险制度颁布之前，第三者责任险颇有强制性保险的成分。自从交强险制度颁布实施之后，全国有了统一的强制性责任保险，第三者责任险也因此变成了非强制性的保险险种，演变为汽车商业保险中的基本险种。

第三者责任险在摘掉强制性保险的基因后，更加强调商业性。由于目前我国交强险是非营利性保险，在收取较低水平保费的现状下，交强险对于人身损害及财产损害的各项赔偿标准也相对较低。

近年来国内经济水平不断提高，一起交通事故的赔偿总额往往会高于或远远超过交强险的责任限额，因此机动车的所有人及管理人就需要更多的商业保险作为对交强险的补充。相应地，为机动车投保第三者商业责任险可以对交强险的医疗费用、财产损失等赔偿额度进行补充和加强。

125. 第三者商业责任险与交强险的区别是什么？

交强险及第三者商业责任险都是机动车投保义务人最常选择投保的险种，作为保险，这两种险种的本质都是保障交通事故的受害人能够得到及时有效的救助，以缓解事故受害人的生活困难。因此交强险和第三者商业责任险具有很多的相同点。

交强险制度是通过国家法规强制机动车所有人或管理人购

买相应的责任保险，以提高三者险的投保面并在最大限度上为交通事故受害人提供及时和基本的保障，故可以看作是广义的第三者责任险。

但是，交强险的强制责任保险性质与第三者商业责任险的商业保险性质的差异决定了两个险种在保费费率、保险责任及赔付额度等方面存在着很多区别。

首先，在保费费率的确定上，交强险由于是国家强制性保险，其业务经营不是以营利为目的的，因此交强险的保费费率较低。而第三者商业责任险作为一种商业保险，保险公司开展这项保险业务肯定是以营利为目的的，因此其保费费率也相较于交强险更高。此外，交强险的基础费率是全国统一的，投保义务人无权选择，但第三者商业责任险的保费费率根据保险责任的不同而分档，投保人可以根据实际需要进行选择。

其次，从保险责任的承担原则上来看，交强险也与第三者商业责任险存在着明显的区别。交强险的保险责任承担实行的是“无过错责任”原则，也就是说，无论被保险人是否在交通事故中负有责任，保险公司都会在相应赔偿项目的责任限额范围内予以赔偿。第三者商业责任险采取的则是“过错责任原则”，即保险公司是依据被保险人在交通事故中所承担的事故责任来确定其赔偿责任的，保险公司只赔付商业三者险的被保险车辆在事故中所承担的责任份额相对应的保险金。此外，第三者商业责任险较交强险而言，设定了更多的责任免除事项和免赔率，因此第三者商业责任险只能作为交强险的补充和加强。

最后，从赔付额度方面来看，交强险由于不是营利保险，因此责任限额相对较低，属于基础的社会保障性保险，其目的主要是最大范围地保证车辆保险的普及和对事故受害人的及时救助。而第三者商业责任险由于缴纳的保险费较高，根据保费费率的不同，相对应的保险金责任限额也各不相同，是对交强险保险限额过低的有力补充。

无论是交强险还是第三者商业责任险，都能够在交通事故发生后极大地分担和减轻赔偿责任人的赔偿压力，因此机动车所有人及管理人应当严格履行交强险投保义务，积极根据现实条件购买第三者商业责任险等机动车商业保险，通过保险公司分散自己的行车风险。

126. 机动车在既投保了交强险又投保了第三者商业责任险的情况下发生道路交通事故，各保险的赔偿顺序是怎样的？

为了妥善处理侵权责任承担与保险责任承担之间的顺序，及时有效地保障受害人权益，《道路交通事故损害赔偿案件司法解释》在规定交通事故的侵权责任与保险责任的承担顺序时，既强调交强险对受害人的损失填补功能和社会保障功能，也重视第三者商业责任险对被保险人的风险分散功能，因此明确规定了在交强险与第三者商业责任险并存时保险责任与侵权责任的承担顺序。

根据《道路交通事故损害赔偿案件司法解释》第16条的规定，同时投保机动车第三者责任强制保险（以下简称交强险）和第三者责任商业保险（以下简称商业三者险）的机动车发生交通事故造成损害，当事人同时起诉侵权人和保险公司的，人民法院应当按照下列规则确定赔偿责任：

1. 先由承保交强险的保险公司在责任限额范围内予以赔偿；

2. 不足部分，由承保商业三者险的保险公司根据保险合同予以赔偿；

3. 仍有不足的，依照道路交通安全法和侵权责任法的相关规定由侵权人予以赔偿。被侵权人或者其近亲属请求承保交强险的保险公司优先赔偿精神损害的，人民法院应予支持。

从《道路交通事故损害赔偿案件司法解释》的具体规定可以看出，如果一起交通事故造成了事故受害人死亡，根据死亡赔偿金的计算标准确定受害人的死亡赔偿金为80万元。对事故负全责的肇事车辆既投保了交强险也投保了商业三者险，根据司法解释的规定，在两种保险并存的情况下，先由交强险保险公司在11万元的死亡赔偿金责任限额范围内对受害人予以赔偿，再根据侵权人在事故中所承担的100%事故责任确定商业三者险的赔偿责任。

如果被保险车辆投保的商业三者险对于死亡赔偿金的责任限额高于69万元，则剩余69万元死亡赔偿金全部由承保商业三者险的保险公司承担。

如果被保险车辆投保的商业三者险对于死亡赔偿金的责任限额低于69万元的，则商业三者险在责任限额范围内承担赔偿责任后，剩余仍有缺口的部分再由侵权人依照侵权责任法的相关规定承担赔偿责任。

《道路交通事故损害赔偿案件司法解释》除了明确多种保险并存情况下的责任承担顺序，还规定了未投保交强险的机动车发生交通事故造成第三人损害的情况下的责任承担方式。未投保交强险的机动车发生交通事故后，由投保义务人先在交强险责任限额范围内承担赔偿责任。如果投保义务人与驾驶人不一致的，两者在交强险责任限额范围内承担连带责任。该规定在充分保护受害人合法权益的同时，也有利于促使投保义务人积极履行法定义务，促进道路交通秩序的良性发展。

127. 什么是车损险？车损险的赔偿范围有哪些？

车损险是机动车辆损失责任险的简称，指被保险人或其允许的驾驶员在驾驶保险车辆时发生保险事故而造成保险车辆受损，保险公司在合理范围内予以赔偿的一种汽车商业保险。

由于机动车交通事故责任强制保险的赔偿范围只针对被保险人车辆本车人员、被保险人以外的受害人的人身伤亡及财产损失在责任限额范围内进行赔偿，被保险车辆如果也在事故中发生车辆损坏，交强险是不予赔偿的，因此机动车的所有人或管理人就需要一种保险能够对在事故中受损的本车车辆的财产损失进行赔偿，从而减轻被保险人在事故中的损失，车损险就是在这种需求下应运而生的。

车损险作为一种商业保险，其业务经营虽然也受到保险监督管理机构的监管，但监管力度与交强险相比较为宽松，目前国内各保险公司在车辆商业险的主险内容中包含有车损险条款，保费费率及保险责任等内容也相对统一。

车损险的赔偿范围主要集中于对车辆在人为交通事故中导致的损害、意外事件导致的损害及自然灾害导致的损害进行赔偿。具体地说，承保车损险的保险公司对被保险人或被保险人允许的驾驶人在使用车辆的过程中因下列原因造成的车辆损失承担保险责任：

1. 被保险人或被保险人允许的驾驶人在使用车辆的过程中发生碰撞、倾覆、坠落情况造成车辆损失的；

2. 被保险车辆因为非自然的原因发生火灾或发生爆炸的；

3. 外界物体坠落、倒塌砸到被保险车辆导致被保险车辆损坏的；

4. 因暴风、龙卷风、雷击、雹灾、暴雨、洪水、海啸、地陷、冰陷、崖崩、雪崩、泥石流、滑坡等自然灾害导致被保险车辆遭受财产损失的；

5. 当有被保险人或被保险人允许的驾驶人随车照料的载运保险车辆的渡船遭受自然灾害引发被保险车辆损失的；

6. 发生保险事故时，被保险人为防止或者减少保险车辆的损失支付了必要的、合理的施救费用的，保险人可以在不超过保险金额的范围内对被保险人进行赔偿。

128. 什么是车上人员责任险？

车上人员责任险又称“车上座位险”，保障的是车上人员的人身伤亡，分为司机座位和乘客座位，指的是经过被保险人允许的合格驾驶员在使用被保险车辆的过程中发生保险事故，致使车内乘客人身伤亡，依法应由被保险人承担赔偿责任的，保险公司会按照保险合同进行赔偿的一种保险。

车上人员责任险是车辆商业险中的一种重要保险，其主要的保险功能是赔偿车辆因交通事故造成的车内人员的伤亡。由于交强险及第三者商业责任险的保险范围都只针对车上人员以外的事故受害人的人身性或财产性损害，在车上人员因交通事故伤亡的赔付方面是空白的，因此车上人员责任险的投保就显得十分重要。

由于车上人员责任险最主要的功能是保障车上乘客能够得到及时的赔偿，分散赔偿责任人对于车上乘客的赔偿压力，因此建议驾驶经验不多的新手或经常在驾车时带上亲友或其他乘客的投保义务人购买。

在保险范围方面，各保险公司还规定了车上人员责任险可以赔付保险车辆因被保险人不可预见的以及不可抗拒的意外事故造成的本车人员伤亡，以及车上的司机或乘客伤亡造成的费用损失和为减少损失而支付的必要合理的施救、保护费用等。

在保险责任限额方面，作为机动车商业保险，车上人员责任险的保险金额由被保险人和保险公司协商确定，根据投保人的选择，一般每个座位的保险责任限额按1万至5万元确定。司机和乘客的投保人数一般不超过保险车辆行驶证上的核定座位数。事故发生后本车人员每人最高赔偿金额不能超过每座赔偿责任限额。本车人员因事故遭受人身损害可以获赔的具体费用包括抢救费、医药费、误工费等。

129. 投保人在为机动车购买保险时，应当注意哪些问题?

机动车在道路上行驶是风险很高的行为，难免会有或大或小的事故和损失，因此机动车所有人或管理人为机动车购买保险就是非常必要的事情。除了法律规定每辆上路行驶的机动车都必须按规定投保机动车交通事故责任强制保险之外，投保义务人还可以根据保险需要并结合自身的经济情况，选择性地购买机动车商业保险。投保人在选择并购买机动车保险时，应当特别注意以下几个问题，以免导致不必要的保险花费或由于投保的险种过少导致保险力度不够。

1. 投保人必须按照规定购买交强险。交强险作为全国第一个由法律规定的强制性责任保险，将所有上路行驶的机动车都纳入了强制投保交强险的范围，因此，机动车只有按照法律规定如期足额地缴纳了交强险的保费，购买了机动车交通事故责任强制保险才能够合法地上路行驶。

2. 投保人在购买机动车保险时不要重复投保。首先必须说明的是，财产性保险的赔偿都是以“填补损失”为原则的，同一交通事故造成的损害下只有实际损失的部分可以得到保险赔偿。有些投保人误以为多投保几份商业险就可以使被保险车辆在发生事故后多获得几份赔偿，这样的认知是错误的。按照《保险法》第40条的规定，重复保险的车辆各保险人的赔偿金额的总和不得超过保险价值。因此，即使投保人重复投保，也不会得到超过保险价值的赔款。

3. 投保人不要超额投保或不足额投保。依据《保险法》第

39条的规定，保险金额不得超过保险价值，超过保险价值的，超过的部分无效。保险金额低于保险价值的，除合同另有约定外，保险人按照保险金额与保险价值的比例承担赔偿责任。因此，无论是超额投保还是不足额投保都会导致投保人的经济损失，超额投保导致部分保费损失，而不足额投保则会面临事故发生后保险金不足以弥补损失的情况。

4. 投保人选择投保的险种要尽量覆盖高风险事由。某些投保义务人在选择保险险种时，往往会为了节省保费而选择少购买几种保险；或者只保车损险，不保第三者商业责任险；或者是只保主险，不保附加险等。保险公司将车辆保险的种类分得越加详细，越来越多特殊情形下的车辆损失需要通过投保单独的险种才能在保险事故发生时得到赔付。因此，投保义务人在为车辆投保时应当根据行车的高风险事项尽量全面地购买车险的险种，以保证车辆得到更全面的保障。

5. 投保人应当注意及时续保。投保人应当根据各保险合同的约定及车辆的上路行驶情况，在保险合同临近到期时及时办理保险合同的续保，以免在合同到期后未及时续保的情况下发生交通事故导致难以承受的赔偿义务。

6. 投保人应当认真审阅保险单证及核对保单。投保人在接收到保险单证时，应当认真审阅保险单证的内容及样式，观察单据是否采用了白色无碳复写纸印刷并加印浅褐色防伪底纹，单证的左上角是否印有“保险业监督管理机构”的字样等细节，发现保险单证可能存在伪造等情况时应当拒绝签单。在办理完保险手续拿到保单正本后，要及时核对保单上所列项目如车牌号、发动机号等是否与本人的车辆一致，如有错漏应当立即向承保人提出更正。

7. 投保人应当随车携带保险合同等投保凭证。投保人的保险合同等投保凭证应当随车携带，以便在交通事故发生后的第一时间立即通知保险公司并向公安机关交通管理部门报案。

130. 交强险人身伤亡保险金的请求权是否可以转让？

情景再现

老刘是一个货物运输个体户，他拥有一辆大货车，平时就依靠这辆货车运送货物挣钱。

某次老刘在接到客户的送货任务之后驾驶自己的大货车送货，在前往目的地的途中，因操作不当撞上了骑电动车的老王，事故导致老王抢救无效死亡。

根据公安机关交通管理部门出具的交通事故认定书，老刘驾驶不当是导致事故发生的主要原因，老王未按规定在非机动车道上骑行及骑行时未佩戴安全头盔是导致其死亡的次要原因，故老刘承担事故责任的80%，老王承担事故责任的20%。

老王死亡后，其妻子和儿子将肇事人老刘及交强险保险公司诉至法院要求赔偿。因老王生前向亲戚赵某借了10万元买房，老王的妻儿遂提出将交强险的保险金请求权转让给赵某以折抵老王生前的债务。

法律分析

上述案例中，关于受害人亲属提出的将交强险的保险金请求权转让给他人的请求，《道路交通事故损害赔偿案件司法解释》第24条作出了明确的规定，当事人主张交强险人身伤亡保险金请求权转让或者设定担保的行为无效的，人民法院应予支持。由此可见，我国法律并不认可交强险人身伤亡保险金的请求权可以转让。

首先，交强险制度设立的初衷是具有社会保障属性的，也是具有公益性质的。交强险的保险责任本身就是对于在事故中遭受人身或财产损害的特定第三人进行的补偿，目的是使事故受害人得到及时有效的救助。如果交强险的赔偿请求权可以转让，保险金支付的对象不是事故受害人，那么保险金就无法直接用于救助受害人因事故遭受的损失，交强险的保险目的也无法达到，因此交强险的保险金请求权是不能被转让的。

其次，人身伤亡保险金不同于财产损失的保险金，人身伤亡保险金与受害人的伤情能否得到及时的救治、生命安全能否得到及时的保障是密切相关的。转让人身伤亡保险金的请求权很有可能导致受害人的生命安全受到威胁，因此法律规定交强险的人身伤亡保险金请求权不得转让给他人。此外，法律规定只有受害者的近亲属才有权主张死亡赔偿金等人身伤亡保险金的赔偿就是要限制保险金请求权行使主体的范围。

在上述案件中，受害人老王的妻儿关于转让人身伤亡保险金的请求权以抵销债务的行为是没有法律依据的，是无法得到法院支持的。

图书在版编目 (CIP) 数据

爱问法律百科．道路交通必知 130 问 / 章倩玲著．—北京：中国法制出版社，2020.11

ISBN 978-7-5216-1054-3

Ⅰ．①爱…　Ⅱ．①章…　Ⅲ．①道路交通安全法－中国－问题解答　Ⅳ．① D920.5

中国版本图书馆 CIP 数据核字（2020）第 083461 号

责任编辑：王佩琳　陆紫薇　　封面设计：李宁

爱问法律百科：道路交通必知 130 问

AIWEN FALÜ BAIKE: DAOLU JIAOTONG BIZHI 130 WEN

著者 / 章倩玲

经销 / 新华书店

印刷 / 三河市国英印务有限公司

开本 / 880 毫米 ×1230 毫米　32 开　　印张 / 7.25　字数 / 131 千

版次 / 2020 年 11 月第 1 版　　2020 年 11 月第 1 次印刷

中国法制出版社出版

书号 ISBN 978-7-5216-1054-3　　定价：28.00 元

北京西单横二条 2 号　邮政编码 100031　　传真：010-66031119

网址：http://www.zgfzs.com　　**编辑部电话：010-66010406**

市场营销部电话：010-66033393　　**邮购部电话：010-66033288**

（如有印装质量问题，请与本社印务部联系调换。电话：010-66032926）